SONJA CARLSSON

Vegetarisch genießen bei Rheuma und Gicht

Mit der richtigen Ernährung Schmerzen lindern
Über 80 neue Rezepte

schlütersche

VORWORT

Liebe Leserin, lieber Leser,

wer unter Rheuma oder Gicht leidet, ist geprägt vom Schmerz, von eingeschränkter Bewegung und von einer schlechten Lebensqualität. Und – aufgrund des Dauerschmerzes – oft auch von schlechter Laune. Das beste Beispiel für diese Erkrankungen findet sich im Märchen „Hänsel und Gretel“: Die bildlichen Darstellungen und die Beschreibung der Hexe, einer bösen, einsamen und buckligen Frau, werden heute von vielen Wissenschaftlern mit rheumatischen Krankheitsbildern in Verbindung gebracht. Rheumatische Erkrankungen gab es schon immer, sie waren lange Zeit aber nicht als solche bekannt.

Finden Sie sich auf gar keinen Fall mit Ihren Schmerzen ab! Es gibt so viele Gründe, die Lebensfreude zu steigern. Denken Sie an den Partner, an Ihre Kinder, die Enkel, mit denen Sie gerne etwas unternehmen möchten, denken Sie, wenn nötig, auch ans Abnehmen, an neue und schicke Kleidung, an ein Wohlgefühl und mehr Beweglichkeit im Alltag, an neue Kontakte und mehr Teilnahme am aktiven Leben, an ein Hobby und an alles, was Ihnen Freude macht. Medikamente sind das eine, sie helfen aber nur, den Schmerz zu lindern oder zu unterdrücken. Rheuma und Gicht lassen sich nicht „wegoperieren“ wie ein eitriger Abszess oder mit Salbe behandeln wie eine Sportverletzung.

Eine besonders wichtige Säule der Therapie ist die Ernährung! Sie auf mehr Pflanzenkost umzustellen ist ganz einfach und auf Dauer erfolgreich – und dazu noch frisch und schmackhaft. Mit

„Finden Sie sich nicht mit Ihren Schmerzen ab!“

einer betont pflanzlichen Kost können Sie Ihren Schmerzen entgegenwirken, dabei Gewicht verlieren und den allgemeinen Gesundheitsstatus verbessern, weil sie eine große Palette an Mineralstoffen, Vitaminen, Ballaststoffen und sekundären Pflanzenstoffen auf den Teller bringt! All diese Stoffe sind als Hilfskräfte im Kampf gegen die Entzündung und den Schmerz zu sehen und wichtig für die Stabilisierung der Knochen sowie die Stärkung der Abwehrkräfte.

„Sie müssen nicht auf leckeres Essen verzichten."

Sie müssen dabei keineswegs auf schmackhaftes Essen verzichten! Essen Sie regelmäßig Seefisch, am besten zweimal pro Woche kalorienarm zubereitet. Viele Gerichte in diesem Buch harmonieren hervorragend mit Fisch. Wenn Sie sich nicht ganz vegetarisch ernähren möchten, dürfen Sie auch Fleisch essen, aber nur in kleinen Mengen und nicht jeden Tag. Bevorzugen Sie mageres Fleisch, idealerweise Geflügel (ohne Haut!). Zurückhaltung ist auch bei Wurst angesagt. Wenn Sie an einem Tag Wurst essen, dann bitte kein Fleisch – und umgekehrt. Wählen Sie lieber Käse für die Brotzeit, dazu Radieschen, Gurke oder Tomate.

In meinem Buch möchte ich Ihnen die Vielfalt der vegetarischen Kost vorstellen und Sie dazu einladen, mehr pflanzliche Gerichte in Ihre täglichen Essgewohnheiten einzubeziehen. Lassen Sie sich überraschen von dem Erfolg, der allein durch eine Ernährungsumstellung erreicht werden kann.

Sonja Carlsson
Diplom-Ökotrophologin

VEGETARISCHE ERNÄHRUNG BEI RHEUMA UND GICHT – GESUND GENIESSEN

Bei Rheuma handelt es sich nicht um eine einzige Erkrankung, Rheuma tritt in einer Vielzahl verschiedener Formen auf. So zählen u. a. Arthrose, Osteoporose und Arthritis zu den Krankheiten des sogenannten rheumatischen Formenkreises. Rund 20 Millionen Menschen in Deutschland sind von rheumatischen Erkrankungen betroffen. An der Stoffwechselerkrankung Gicht leiden etwa fünf Prozent der Deutschen, Männer zehnmal so häufig wie Frauen. So schmerzhaft Verläufe der Krankheiten sind: Alle Symptome bessern sich mit einer Nahrungsumstellung.

Rheuma hat viele Gesichter

!

Zum „Rheumatischen Formenkreis" gehören rund 100 Krankheitsbilder.

Wenn von Rheuma die Rede ist, geht es nicht um *eine* Krankheit, sondern um die Krankheiten des „Rheumatischen Formenkreises", zu dem – so die Deutsche Rheuma-Liga – rund 100 Krankheitsbilder gehören. In amerikanischen Quellen ist sogar von 200 verschiedenen Arten dieser Erkrankung die Rede. Auch die Gicht ist eine rheumatische Erkrankung. Ebenso zählt die Osteoporose als Folgekrankheit dazu. Beide werden auch zu den Stoffwechselkrankheiten gezählt.

Etwa 20 Millionen Menschen in Deutschland sind von Rheuma betroffen – deshalb muss das große Spektrum „Rheuma" ebenso zu den Volkskrankheiten gezählt werden wie Diabetes, Herz-Kreislauf-Krankheiten und Übergewicht. Rheuma ist kein Phänomen des Alters, obwohl es im Alter gehäuft vorkommt. Schon bei kleinen Kindern und Jugendlichen treten die diversen Krankheitsbilder auf.

!

Sie selbst können den Krankheitsverlauf positiv beeinflussen.

Rheumatische Erkrankungen sind eine immunologische Reaktion und vorwiegend genetisch bedingt. Es gibt demnach in der Familie die Veranlagung, früher oder später an Rheuma zu erkranken. Das kann passieren, muss aber nicht sein. Viele Faktoren in der gesamten Lebensweise spielen dabei zusammen. Der renommierte Rheumaspezialist Prof. Dr. Olaf Adam bringt es auf den Punkt: „Der Rheumatiker hat die Hälfte seiner Krankheit selbst in der Hand." Damit meint er, dass eine richtige Ernährung, das richtige Körpergewicht und die richtige Belastung des Bewegungsapparates den Krankheitsverlauf entscheidend beeinflussen. An diesen Punkten müssen die Patienten ansetzen, um einerseits Medikamente reduzieren bzw. völlig ohne sie auskommen zu können und andererseits an Lebensqualität und Lebensfreude zu gewinnen. Denn eine Heilung der rheumatischen Erkrankungen gibt es bis heute nicht, aber eine deutliche Linderung der Schmerzen sowie der Bewegungsbeeinträchtigung, eine Vermeidung von Nebenwirkungen durch die Arzneimittel und eine Verlangsamung von Knochenschwund (Osteoporose).

Krankheiten des rheumatischen Formenkreises
Rheumatoide Arthritis (chronische Polyarthritis)
Psoriasis-Arthritis
Morbus Bechterew (Spondylitis ankylosans)
Arthritis bei Polymyalgia rheumatica
Arthritis bei Colitis ulcerosa
Arthritis bei Morbus Crohn (Ileitis terminalis)
Fingerpolyarthrose
Aktivierte Arthrose
Reaktive Arthritiden mit chronischem Verlauf
Gicht (Hyperurikämie)
Knochenschwund (Osteoporose)
Systemischer Lupus erythematodes

Der rheumatische Formenkreis

Unter dem rheumatischen Formenkreis versteht man alle Arten von Entzündungsleiden des Bewegungsapparates, also von Muskeln, Gelenken, Sehnen, Bändern und auch des Bindegewebes. Auch Folgeerscheinungen dieser Erkrankungen wie Osteoporose werden zum rheumatischen Formenkreis gezählt. Neben den entzündlichen rheumatischen Erkrankungen gibt es auch die degenerativen Prozesse, die mit der Zeit zur Zerstörung von Knochen- und Knorpelsubstanz führen. Dazu zählt unter anderem die Gicht.

Häufigkeit rheumatischer Erkrankungen in Deutschland

Rheumatische Erkrankungen insgesamt: 20 Millionen Betroffene, davon:

- Arthrose: 5 Millionen, meist über 60 Jahre alt
- Osteoporose: 5 Millionen, meist über 60 Jahre alt
- Schmerz- und Muskelerkrankungen, Fibromyalgie: 1 bis 2 Millionen, überwiegend Frauen ab 35 Jahre
- Rheumatoide Arthritis: 440.000 Betroffene, meist Frauen im Alter zwischen 50 und 70 Jahre
- Morbus Bechterew: 0,4 bis 2 Prozent der Bevölkerung
- Juvenile idiopathische Arthritis: ca. 15.000 betroffene Kinder und Jugendliche, jährlich 1500 Neuerkrankungen
- Rückenleiden: ca. 7 Millionen Betroffene

Quelle: Deutsche Rheuma-Liga

Viele Krankheiten, ein Symptom: der Schmerz

So vielfältig die rheumatischen Krankheiten auch gelagert sind, allen gemeinsam ist der Schmerz. Schon in der griechischen Antike war der Rheumatismus bekannt. Der griechische Arzt Hippokrates gab der Krankheit ihren Namen, denn er bezeichnete damit die fließenden, reißenden und ziehenden Schmerzen am gesamten Bewegungsapparat. Der Schmerz wird ausgelöst durch eine Entzündung, und diese wiederum wird durch Entzündungsmediatoren hervorgerufen, auch „Botenstoffe" genannt.

Die Entzündung

!

Rötung, Schwellung und Erwärmung sind typische Merkmale.

Eine Entzündung ist von drei Merkmalen gekennzeichnet: Rötung, Schwellung, Erwärmung des Gewebes. Die Schwellung drückt auf die Nerven – und das tut höllisch weh!

Eine Entzündung kann sehr viele Ursachen haben. Im Falle der rheumatischen Erkrankungen sind meist die Immunzellen schuld, die überreagieren (immunologische Reaktion). Sie sind extrem aktiv und setzen ständig Entzündungsprozesse in Gang, die man durch Medikamente, aber auch durch eine adäquate Ernährung reduzieren kann. Was im intermediären Stoffwechsel abläuft, lässt sich nur durch Medikamente in Schach halten, was aber von außen über die Ernährung hereinkommt, hat jeder Patient selbst in der Hand. Denn über bestimmte Nahrungsmittel gelangen sogenannte Entzündungsvermittler in den Körper. Das sind vor allem die hochwirksamen Eikosanoide, Gewebshormone, zu denen die Prostaglandine und Leukotriene zählen. Außerdem ist die in tierischem Fett enthaltene Arachidonsäure ein Botenstoff für den Entzündungsschmerz. Alle diese Substanzen sind Schmerzauslöser, denn sie schüren die Entzündung regelrecht und fachen sie an. Diese zu mindern ist neben der Gewichtsreduktion das Hauptziel der Ernährung bei Rheuma und Gicht.

Die Symptome aller entzündlichen rheumatischen Krankheiten verbessern sich durch eine Ernährungsumstellung – aber auch jeder andere Rheumatiker mit degenerativen Erkrankungen tut gut daran, die Ernährung zu überdenken und in die Therapie einzubeziehen. Wer ständig Medikamente einnehmen muss, kann durch eine gesündere, an die Krankheit angepasste Ernährung die Arzneimitteldosis senken und dennoch die Beschwerden lindern.

!

Mit der richtigen Ernährung gelangen Entzündungshemmer in den Körper.

Was wirkt der Entzündung und dem Schmerz entgegen?

Der Rheuma- und Gichtpatient muss wissen, welche Stoffe in der Nahrung für ihn gut sind, welche die Entzündung begünstigen und auf welche man ein besonderes Augenmerk hinsichtlich Begleit- und Folgeerscheinungen haben muss. Es geht darum, Kalorien zu sparen, die richtigen Fette zu sich zu nehmen, reichlich Kalzium zuzuführen, Harnsäure in der Kost zu reduzieren, viel zu trinken und auf eine vollwertige, pflanzenbetonte Kost zu achten, um ein Normalgewicht zu erreichen. Ein vitamin- und mineralstoffreicher Speiseplan, der auch reichlich sekundäre Pflanzenstoffe enthält, ist ideal, um Entzündungsprozesse zu verhindern und dem Schmerz effektiv entgegenzuwirken.

Fettreiche tierische Lebensmittel müssen in den Hintergrund treten, der Schwerpunkt der Ernährung sollte auf pflanzlicher Kost mit wertvollen Fettsäuren und sekundären Pflanzenstoffen liegen, Milchprodukte (möglichst fettarm) und Käse sind ebenfalls fester Bestandteil des Speisezettels. Auch der regelmäßige Verzehr von Seefisch ist anzuraten – er ist ebenso ein idealer Begleiter von vegetarischen Gerichten mit Gemüse, Kartoffeln, Reis und Pasta, wie ich sie in diesem Buch vorstelle.

!

Bei akuten Schmerzattacken hilft kurzfristiges Fasten.

Auch kurzfristiges Fasten bringt nach akuten Schmerzattacken eine deutliche Besserung. Dabei darf man jedoch das Trinken nicht vergessen: drei bis vier Liter mineralstoffreiche Flüssigkeit pro Tag (Gemüsebrühe, Mineralwasser, Tee) sind in der Zeit ein Muss.

Während des Fastens produziert der Körper selbst enorme Mengen an Kortison, das die Aufgabe des Medikamentes übernimmt und den Schmerz ausschaltet. Außerdem werden durch den Verzicht auf feste Lebensmittel „Glückshormone“ (Endorphine) freigesetzt, die ebenfalls dem Schmerz entgegenwirken. Auch die entzündungsfördernde Arachidonsäure wird durch Fasten minimiert.

!

Purine sind Bestandteile der Nukleinsäuren. Sie werden im Körper zu Harnsäure abgebaut.

Während des Fastens kann sich der Körper erholen und endlich schmerzfrei sein. Im Anschluss an die Fastentage (nur zwei bis drei Tage!) sollte man sich über eine Ernährungsumstellung klar werden. Denn die Besserung tritt nur während der Fastenzeit ein, beim Übergang auf die normale, arachidonsäurehaltige Ernährung flammt die Entzündung wieder auf. Wird aber im Anschluss an das Fasten eine überwiegend vegetarische Ernährung praktiziert, bleibt die Besserung erhalten.

Verschiedene Maßnahmen, die Sie teilweise selbst in der Hand haben, tragen also zu einem positiven Verlauf rheumatischer Erkrankungen bei. Von der Ernährungsseite gibt es

Eine gesunde, ausgewogene Ernährung trägt maßgeblich zur Linderung der Beschwerden bei.

folgende Ansätze, auf die ich im Folgenden genauer eingehen werde:

- Normalgewicht anstreben! Übergewicht belastet den Bewegungsapparat und begünstigt die Degeneration von Knochen- und Muskelsubstanz. Das Verletzungsrisiko (Stürze, Knochenbrüche) ist erhöht, die Heilungsaussichten sind vor allem im fortgeschrittenen Alter schlecht und langwierig.
- Ernährungsumstellung auf eine pflanzenbetonte Kost, regelmäßig Seefisch, täglich Milch und Milchprodukte (Fettgehalt beachten!)
- Reduktion purinhaltiger Nahrungsmittel (wenig Fleisch, keine Innereien)
- Vermeiden bzw. Reduktion von Alkohol
- Viel trinken (Wässer, Säfte, Fruchtschorlen, Tees)

Die Bedeutung der Ernährung

!

Normalgewicht und wenig Fleisch sind wichtige Maßnahmen, die Schmerzen reduzieren helfen.

Was liegt näher, als Krankheiten zunächst über die Ernährung zu bekämpfen: mit möglichst wenig Medikamenten, ohne schädliche Nebenwirkungen und das Ganze auf Dauer! Es gibt zahlreiche Krankheiten, die sich über eine Ernährungsumstellung positiv beeinflussen lassen, dazu gehören nicht nur Diabetes, Fettstoffwechselstörungen, Bluthochdruck und Nahrungsmittelallergien; auch rheumatische Erkrankungen haben gute Chancen auf Besserung mittels einer Ernährungstherapie. Im Mittelpunkt der Problematik stehen tierische Lebensmittel, insbesondere Fleisch, Wurst und tierische Fette. Eine Verlagerung auf mehr Pflanzenkost kann rheumatischen Krankheiten entgegenwirken und dem Patienten zu mehr Lebensfreude verhelfen – weil die Schmerzen nachlassen und die Entzündung abklingt.

Normalgewicht entlastet die Gelenke spürbar

Übergewicht ist die Hauptursache für zahlreiche Erkrankungen und in vieler Hinsicht ein Feind der Gesundheit sowie des Wohlbefindens. Für den rheumatischen Formenkreis steht ein Zuviel auf der Waage in direkter Verbindung mit der Belastung von Knochen und Gelenken, mit Abnutzungs- und Verschleißerscheinungen, mit Degeneration und Entzündung. Eine Gewichtsreduktion und das Anstreben des Normalgewichts mit einer pflanzenbetonten Diät verbessert die Stoffwechsellage und trägt zur Entlastung des Bewegungsapparates bei. Bewegung sollte wieder Spaß machen, denn die körperliche Betätigung ist ein weiterer Faktor in der Therapie rheumatischer Erkrankungen und ein Garant für mehr Lebensqualität.

> **!** Übergewicht ist der Feind der Gesundheit.

Das Normal- oder Sollgewicht errechnet sich aus der sogenannten Broca-Formel: Körpergröße in Zentimeter minus 100 = Normal- oder Sollgewicht in Kilogramm.

Eine andere Formel errechnet den BMI (Body-Mass-Index = Körpermassenzahl): Körpergewicht (in kg) geteilt durch Körperlänge zum Quadrat (in Quadratmeter).

Beispiel: Ein Mann ist 180 cm groß und wiegt 90 kg.

- Berechnung nach der Broca-Formel: 180 cm – 100 cm = 80 (kg). Es besteht ein Übergewicht von 10 kg.
- Berechnung des BMI: 90 kg : (1,8 x 1,8) = 90 kg : 3,24 = 27,8. Der BMI sollte bei Männern bei 22 bis 24 liegen, bei Frauen 21 bis 22 betragen. Auch diese Zahl besagt, dass in diesem Fall Gewicht zu reduzieren ist. Liegt das Gewicht nach dem Abspecken bei 80 kg (Broca-Sollgewicht), errechnet sich ein BMI von 24,7 – also geringfügig über dem empfohlenen BMI von 24. Würde die Person exakt einen BMI von 24 erreichen, müsste sie auf 78 Kilo abspecken. Der BMI ist etwas genauer als die Broca-Formel, berücksichtigt aber nicht das Alter und auch nicht die Statur sowie die Zusammensetzung aus Fett- und Muskelgewebe. Bekannterweise darf das Gewicht mit zu-

> **!** Ziehen Sie auch das persönliche Spiegelbild als Kriterium für eine Gewichtsreduktion heran.

nehmendem Alter leicht ansteigen, auch wird das Abnehmen dann recht schwierig. Ich plädiere dafür, sich am Broca-Sollgewicht zu orientieren und außerdem das persönliche Spiegelbild als Kriterium heranzuziehen.

Die Normalisierung des Gewichts betrifft auch untergewichtige und mangelernährte Patienten. Der Entzündungsprozess verbraucht viele Nährstoffe und Energie, der Bedarf ist dadurch deutlich erhöht. Sie sollten etwas Gewicht zulegen, dabei aber mehrere kleine pflanzliche Mahlzeiten oder Milchprodukte zu sich nehmen, weil das bekömmlicher ist und den Magen weniger belastet.

Pflanzliche Kost: die Harnsäure im Blick behalten

!

Pflanzliche Nahrungsmittel enthalten keine Entzündungsvermittler.

Pflanzliche Nahrungsmittel enthalten keine Entzündungsvermittler (entzündungsauslösende Botenstoffe), sie liefern dagegen reichlich Vitamine und Mineralien, die ihre Wirkung auch im Zusammenhang mit sekundären Pflanzenstoffen in den Entzündungsabwehrprozess mit einbringen, indem sie das Immunsystem unterstützen. Pflanzliche Kost ist außerdem reich an Ballaststoffen, sorgt für ein gutes Sättigungsgefühl und hilft beim Abnehmen. Pflanzenkost liefert auch Harnsäure in unterschiedlichen Mengen, was der Gichtkranke vor allem bei Hülsenfrüchten beachten muss. In kleinen Mengen sind sie trotzdem der Gesundheit zuträglich.

Ein besonderes Augenmerk sollten Sie als Gicht- oder Rheumapatient auf Kräuter und Gewürze werfen: Sie bereichern unser Essen in vielfältiger Hinsicht, denn sie geben nicht nur Würze und Geschmack, sondern helfen, Kochsalz zu sparen, regen die Produktion von Verdauungssäften an und machen viele Speisen bekömmlicher. Darüber hinaus liefern sie Vitamine und Mineralstoffe. Wussten Sie, dass viele auch vorbeugend gegen rheumatische Entzündungen wirken? Dazu zählen Bärlauch, Bohnenkraut, Borretsch, Brennnessel, Cayennepfeffer, Kurkuma, Fenchel, Gewürznelke, Johanniskraut, Kresse, Kerbel, Knoblauch, Lavendel, Majoran, Meerrettich, Oregano, Petersilie, Pfeffer, Piment, Rosmarin, Salbei, Schafgarbe, Schwarzkümmel, Sellerie, Spitzwegerich, Thymian, Wacholder, Zimt und Zwiebel.

Verwenden Sie Kräuter reichlich, möglichst frisch. Und denken Sie auch an Kräutertees, die Wirkstoffe enthalten, die dem Körper guttun und für die nötige Flüssigkeitszufuhr sorgen.

Für die Stärkung der Abwehrkräfte: sekundäre Pflanzenstoffe

Sekundäre Pflanzenstoffe sind Substanzen, die die Pflanze für ihren eigenen Schutz bildet, die aber nachweislich auch dem Menschen von Nutzen sind. Sie sind nicht lebenswichtig, haben aber dennoch eine positive Wirkung auf unsere Gesundheit. Ihr Wir-

In Kräutern und Gemüse stecken viele wichtige Vitamine und Mineralstoffe.

kungsspektrum ist enorm und reicht von antioxidativ, krebsschützend, entzündungshemmend, immunstärkend bis hin zu blutdruckregulierend. Die Wirkung, die von Pflanzenkost ausgeht, sollten wir uns auch bei rheumatischen Erkrankungen verstärkt zunutze machen.

Eikosanoide und Arachidonsäure

Die Fette in der Nahrung haben sich als wichtigste Substanzen für den Entzündungsprozess herausgestellt. Tierische und pflanzliche Fette bestehen aus Fettsäuren, die in mannigfacher Form vorliegen. Essenzielle Fettsäuren sind lebenswichtig für viele Prozesse im Körper, vor allem für die Bildung von Gewebshormonen, die zusammenfassend als Eikosanoide bezeichnet werden. Die Bildung dieser Gewebshormone ist bei entzündlich-rheumatischen Erkrankungen durch die Überaktivität der Immunzellen erhöht und für die chronischen Gelenkentzündungen verantwortlich. Sie gelten als Entzündungsvermittler.

!

Arachidonsäure, die in tierischem Fett vorkommt, begünstigt Entzündungsprozesse.

Die Ernährung mit Fleisch ist an den Entzündungsprozessen stark beteiligt. Diese werden durch eine weitere hochaktive Fettsäure, die Arachidonsäure, noch begünstigt. Sie ist nur in tierischem Fett enthalten. Der Entzündungsverlauf kann durch die Eicosapentaensäure (EPA) aus Seefisch (Omega-3-Fettsäure) und durch eine betont pflanzliche Kost gebremst werden.

Kalzium stärkt das Knochensystem und beugt Osteoporose vor

Kalzium gilt bei rheumatischen Erkrankungen als „kritischer Mineralstoff", denn durch Bewegungsmangel und die Einnahme von Medikamenten (Kortison) wird die Knochensubstanz geschwächt, Kalzium wird aus den Knochen mobilisiert und geht als Bausubstanz dem Körper verloren. Die Folge ist Osteoporose (Knochenschwund). Die besten Kalziumlieferanten sind Milch und Milchprodukte. Zwar enthalten auch einige Gemüsearten und Getreide nennenswerte Mengen an Kalzium, diese werden aber im Körper schlechter verwertet. Das Ziel bei rheumatischen Erkrankungen ist, täglich 1000 mg Kalzium zu sich zu nehmen. Ohne Milchprodukte ist das nicht möglich!

Wenn von Kalzium die Rede ist, muss man zugleich Vitamin D nennen, das für den Einbau von Kalzium in die Knochen verantwortlich ist. Vitamin D ist in fettreichen Seefischen, Eidotter und in kleinen Mengen in Milchprodukten enthalten. Der Körper kann es auch selbst bilden, dafür ist jedoch Sonnenlicht und Wärme nötig. Es entsteht in der Haut – der Aufenthalt im Freien, beim Spazierengehen oder beim Sport, ist daher besonders wichtig!

!

1000 mg täglich: Kalzium wirkt einer Osteoporose entgegen.

Mehrere kleine Mahlzeiten versorgen den Körper optimal

Der Schrank, der täglich am häufigsten geöffnet wird, ist der Kühlschrank. Und das ist gut so, denn kleine, frische Mahlzeiten über den Tag verteilt helfen beim Abnehmen und Sattwerden. Ein Joghurt, ein Käsebrot oder ein Milchshake sind ideale Zwischenmahlzeiten. Denken Sie auch an Obst und Knabbergemüse (Karotte, Gurke, Paprika, Kohlrabi) für zwischendurch. Damit sind Sie mit Vitaminen, Mineralstoffen und Ballaststoffen gut versorgt, beugen Heißhunger vor und können auf gesunde Weise dauerhaft abnehmen.

!

Beugen Sie Heißhunger mit leichten Snacks vor.

Gesunde Garmethoden für eine vitaminreiche Ernährung

Garen Sie schonend! Kochen und dünsten Sie nicht zu lange und verwenden Sie wenn möglich den Dampfdrucktopf sowie beschichtete Pfannen. Kochen Sie stets frisch und nur so viel, wie verzehrt wird. Aufgewärmtes verliert an Vitaminen. Und wenn doch mal was übrig bleibt, bringen Sie es möglichst am selben Tag nochmals auf den Tisch. Reste lassen sich sehr gut variieren und in ein neues Gericht stecken. Peppen Sie das Ganze mit frischen Kräutern auf!

!

Tiefkühlkost ist oft wertvoller als tagelang gelagertes Gemüse.

Beachten Sie auch, dass Tiefkühlkost gesundheitlich oft besser abschneidet als tagelang gelagertes Gemüse aus dem Supermarkt. Es ist außerdem das ganze Jahr über verfügbar, lässt sich einzeln entnehmen und gut portionieren, ist fertig geputzt und ist deshalb auch vom Preis her durchaus zu empfehlen.

Verwenden Sie nur pflanzliche Fette und Öle zum Dünsten und Braten. Aus geschmacklichen Gründen darf es ausnahmsweise auch mal ein bisschen Butter sein (Rührei und Nudeln schmecken dann einfach besser!), doch Schweineschmalz und andere tierische Fette sind tabu.

Purine (Harnsäure) reduzieren, Gicht vorbeugen

Purine sind Bestandteile jeder Zelle. Pflanzenkost enthält weniger Purine als tierische Nahrungsmittel. Das hat mit der Größe und Menge der Zellen im Zellverband zu tun. Im Körper werden Purine zu Harnsäure abgebaut und diese wird mit dem Urin und dem Stuhl ausgeschieden. Harnsäure entsteht einerseits aus Stoffwechselprozessen im Körper selbst, aber auch aus den Nahrungspurinen. Nur diese Menge können wir beeinflussen, indem wir uns purinarm ernähren.

Die Folge eines erhöhten Harnsäurespiegels im Blut ist Gicht: Harnsäure kann nicht ausreichend ausgeschieden werden, kristalliert aus und lagert sich in den Weichteilen, Gelenken und in der Niere ab. Die Krankheit ist von schmerzhaften Attacken gekennzeichnet und schränkt Bewegungen stark ein. Sie gilt seit jeher als Wohlstandskrankheit und hängt eng mit einem hohen Fleischkonsum zusammen. Auch Alkohol begünstigt Gichtattacken.

Für die Ernährung bedeutet das, den Schwerpunkt auf pflanzliche Lebensmittel zu legen, dabei aber auch stets die Mengen zu beachten. Hülsenfrüchte gelten zwar als purinreich, sind aber nicht verboten, weil sie reich an wertvollem Eiweiß sowie Kohlenhydraten, Mineralien und sekundären Pflanzenstoffen sind, gut sättigen und nur in kleinen Mengen verzehrt werden. Außerdem kommen sie in der normalen Kost nicht täglich auf den Tisch.

Die Harnsäurezufuhr darf von Tag zu Tag ein bisschen schwanken, sie sollte pro Tag 500 mg nicht überschreiten. Wichtiger ist aber die wöchentliche Zufuhr, sie sollte sich bei maximal 3500 mg Harnsäure pro Woche einpendeln. Das heißt, dass man durchaus ein „Zuviel" am nächsten Tag ausgleichen kann.

!

Ist der Harnsäurespiegel erhöht, besteht die Gefahr, an Gicht zu erkranken.

Die Bedeutung von Bewegung

Wer rastet, der rostet – das gilt auch bei rheumatischen Krankheiten. Legen Sie keinesfalls die Hände in den Schoß und lassen Sie das schöne Wetter sowie die frische Luft nicht ungenutzt an sich vorbeiziehen! Sport ist eine wichtige Säule für den Erhalt der Funktion von Knochen und Gelenken. Geeignet sind alle Sportarten, die den Bewegungsapparat nicht belasten, aber trotzdem stärken und die Muskulatur fit halten: Schwimmen, Wasser-Aerobic, Rad fahren, Tanzen, Gymnastik, Yoga und Entspannungssportarten. Auch der Abendspaziergang kann zum täglichen Ritual nach dem Abendessen werden, ebenso ist maßvolle Gartenarbeit durchaus empfehlenswert, solange sie nicht den Bewegungsapparat belastet. Denken Sie stets an die richtige Körperhaltung beim Bücken und Heben.

!

Sport ist wichtig für den Erhalt der Knochenfunktion.

REZEPTE: DIE KRANKHEIT IM GRIFF MIT DER RICHTIGEN ERNÄHRUNG

Rheuma und Gicht in den Griff zu bekommen ist eigentlich ganz einfach: Meiden Sie purinreiche Lebensmittel und bevorzugen Sie eine purinarme, vegetarische und kalziumreiche Ernährung. Das klingt kompliziert? Ist es aber nicht! In den nachfolgenden Rezepten sehen Sie auf einen Blick, wie hoch der Harnsäurewert und der Kalziumwert des jeweiligen Gerichts sind. Als Faustregel gilt: 500 mg pro Tag (bzw. 3500 mg pro Woche) sollten nicht überschritten werden. Und pro Tag sollten Sie eine Kalziumzufuhr von 1000 mg anstreben.

NAHRHAFTES AUS DER MILCH – KÄSE, JOGHURT & CO.

In der vegetarischen Ernährung spielen Milchprodukte als Eiweiß- und Kalziumlieferanten eine wichtige Rolle. Außerdem sind sie unglaublich vielfältig und bereichern die Küche vom Frühstück bis zum Abendbrot.

Für Rheumatiker, die regelmäßig Medikamente nehmen müssen, besteht das Risiko, an Osteoporose zu erkranken, was auf die Entkalkung der Knochen als Nebenwirkung der Medikamente zurückzuführen ist, aber auch mit mangelnder Bewegung zu tun hat. Sie müssen auf eine ausreichende Kalziumversorgung und einen täglichen „Nachschub" achten. Deshalb sind Milchprodukte – allen voran die weniger fetten – unverzichtbar.

Der Gichtpatient ist mit Milcherzeugnissen ebenfalls sehr gut bedient, gelten sie doch als Nahrungsmittel, die nur wenig Harnsäure liefern bzw. teilweise sogar harnsäurefrei sind. Deshalb sollten Gerichte mit Milch, Sauermilchprodukten, Quark und Käse feste Bestandteile Ihres Speiseplans sein. Beachten Sie aber stets den Fettgehalt und wählen Sie bei Übergewicht bitte fettarme Produkte.

Die Produkte in diesem Kapitel orientieren sich am Normalgewicht, die verwendeten Käsesorten liegen bei maximal 45 % Fett in der Trockenmasse. Sie schmelzen gut und eigen sich für fast alle Rezepte, außerdem sind sie sehr geschmackvoll. Bei Sauermilchprodukten wie Joghurt sollten Sie Vollmilchjoghurt (3,5 % Fett) oder fettarmen Joghurt (1,5 % Fett) verwenden – allein des Geschmacks wegen. Sahne wird in dem Kapitel nur in kleinen Mengen oder bei Rezepten für vier Personen eingesetzt. Bei Quark für Desserts reichen der 20-prozentige Speisequark oder auch der Magerquark aus, vor allem, wenn fetthaltige Zutaten (Sahne, Crème fraîche, Nüsse) hinzukommen.

Obatzda auf leichte Art

ein Brotaufstrich, der immer schmeckt

Zubereitungszeit: 10 Minuten

Eine Portion enthält:

390 kcal (1632 kJ)	1 g Kohlenhydrate
24 g Eiweiß	374 mg Kalzium
32 g Fett	32 mg Harnsäure

Zutaten für 2 Personen

- 1 kleine Schalotte oder das Weiße einer Lauchzwiebel
- 200 g Camembert (gut gereift, 45 % F. i. Tr.)
- 1 EL Magerquark
- 50 g Halbfettbutter
- Pfeffer, Paprikapulver
- 2 EL Schnittlauchröllchen

Zubereitung

1 Die Schalotte abziehen und in feinste Stücke schneiden. Oder die Lauchzwiebel waschen, putzen, nur den Zwiebelkörper verwenden und mit einem Wiegemesser sehr fein wiegen.

2 Den Camembert nach Belieben entrinden, die Käsemasse in eine Schüssel geben, mit einer Gabel gut zerdrücken und die Schalotte oder Lauchzwiebel untermengen. Den Magerquark sowie die Halbfettbutter untermengen und die Masse mit Pfeffer sowie Paprikapulver würzen und mit Schnittlauchröllchen dekorieren.

TIPP

Der bayerische Obatzd'n wird immer mit Butter zubereitet. Auch wird der Camembert in vielen Rezepturen entrindet. Es geht aber auch anders und mit weniger Fett: Wenn der Käse durchgereift und die Rinde weich ist, sollte man sie nicht entfernen. Sie bringt viel Geschmack mit. Statt normaler Butter kann man sehr gut Halbfettbutter verwenden. Sie ist auch gekühlt streichbar und geschmeidig, sodass sie sich mit dem Käse zu einer schönen Masse rühren lässt. Ein wenig Magerquark im Rezept streckt die Kalorien und bringt ein wenig Säure ins Aroma. Reichen Sie dazu kräftiges Bauernbrot, Vollkornbrot oder Pumpernickel. Außerdem schmecken Radieschen. Zusätzliches Streichfett ist nicht nötig.

Gnocchi mit Gorgonzola-Sauce

italienisch schmeckt's immer

Zubereitungszeit: 1 Stunde

Eine Portion enthält:

489 kcal (2047 kJ)	46 g Kohlenhydrate
17 g Eiweiß	443 mg Kalzium
26 g Fett	20 mg Harnsäure

Zutaten für 4 Portionen

500 g mehlig kochende Kartoffeln
Salz, Pfeffer
1 kleines Ei
125 g Kartoffelmehl
etwas Kartoffelmehl für die Arbeitsfläche
250 g Gorgonzola
100 ml Milch
50 g Schlagsahne
½ Bund glatte Petersilie

Zubereitung

1 Die Kartoffeln waschen und knapp mit Wasser bedeckt etwa 25 Minuten garen. Pellen und heiß durch eine Presse in eine Schüssel drücken. Etwas abkühlen lassen, dann Salz, Pfeffer und Ei mit einer Gabel locker untermengen. Das Kartoffelmehl mit den Händen unterarbeiten. Nur so lange kneten, bis ein gut formbarer Teig entstanden ist.

2 Den Teig auf eine bemehlte Unterlage geben. Jeweils zu einer daumendicken Rolle formen und diese in 2 cm lange Stücke schneiden. Die Stücke zu länglichen Klößchen formen und mit einer Gabel auf einer Seite Rillen eindrücken.

3 Die Gnocchi in reichlich kochendes Salzwasser geben und etwa 5 Minuten garen, bis sie nach oben steigen. Mit einer Schaumkelle herausnehmen, abtropfen lassen und warm stellen.

4 Für die Sauce den Gorgonzola entrinden, würfeln und zusammen mit Milch und Sahne in einen Topf geben. Unter ständigem Rühren aufkochen, bis der Käse geschmolzen ist. Mit Pfeffer abschmecken.

5 Die Petersilie waschen, trocken schütteln, von den Stielen zupfen, die zarten Blättchen fein wiegen. Die Gnocchi auf vier Teller verteilen, die Sauce darübergeben und das Ganze mit Petersilie bestreut servieren.

Blätterteigtaschen auf griechische Art

mit Fertigteig schnell gemacht für Feste und Gäste

Zubereitungszeit: 15 Minuten
Backzeit: 15–20 Minuten

Eine Portion (ein Stück) enthält:

256 kcal (1071 kJ)	18 g Kohlenhydrate
7 g Eiweiß	118 mg Kalzium
18 g Fett	9 mg Harnsäure

Zutaten für 10 Stück

1 Packung Blätterteig (TK, 10 Scheiben à 45 g)
100 g getrocknete Tomaten in Öl
2 kleine Tomaten
200 g Feta (griechischer Schafskäse, 45 % F. i. Tr.)
frische Basilikumblättchen
Pfeffer, Zucker
1 Ei zum Bestreichen
1 EL Sesamsaat zum Bestreuen

Außerdem

Backpapier

Zubereitung

1 Den Blätterteig auf einer Arbeitsfläche auslegen und nach Packungsvorschrift auftauen lassen. Den Backofen auf 200 °C vorheizen.

2 Die getrockneten Tomaten in einem Sieb abtropfen lassen und klein schneiden.

3 Die frischen Tomaten waschen, trocken tupfen, halbieren, den Strunk keilförmig herausschneiden und die Tomaten klein schneiden.

4 Den Schafskäse in kleine Würfel schneiden, das Basilikum waschen, trockentupfen und klein schneiden.

5 Die getrockneten Tomaten, die frischen Tomaten, den Schafskäse sowie das Basilikum in einer Schüssel mischen und mit Pfeffer und etwas Zucker würzen.

6 Die Masse jeweils in die Mitte der Blätterteigquadrate geben und die Ecken zur Mitte klappen und zusammendrücken. Ein Backblech mit Backpapier auslegen und die Taschen darauflegen.

7 Das Ei in einem Schälchen verquirlen und die Teigtaschen damit bestreichen. Mit Sesam bestreuen und auf mittlerer Einschubleiste 15 bis 20 Minuten goldgelb backen. Warm servieren.

Crespelle mit Spinat und Käse

der Aufwand lohnt sich

Zubereitungszeit: 40 Minuten
Backzeit: 20–25 Minuten

Eine Portion enthält:

558 kcal (2335 kJ)	36 g Kohlenhydrate
26 g Eiweiß	620 mg Kalzium
34 g Fett	97 mg Harnsäure

Zutaten für 2 Portionen

Für die Crespelle

1 Ei
100 ml Milch
1 Schuss kohlensäurehaltiges Mineralwasser
75 g Mehl
Pfeffer, Salz
2 EL Öl zum Ausbacken

Für die Füllung

200 g Spinat (TK-Ware)
1 kleine Zwiebel
1 TL Butter
Pfeffer, geriebene Muskatnuss, Salz
100 g geraspelter Schnittkäse (45 % F. i. Tr., Leerdammer, Maasdamer, Gouda o. Ä.)

Für die Sauce

1 TL Butter
1 EL Mehl
5 EL Milch
100 ml Gemüsebrühe (aus Würfel oder Instantpulver)

Zubereitung

1 Das Ei mit Milch und Mineralwasser verquirlen, Mehl unterrühren und den Teig mit Pfeffer und Salz würzen.

2 In einer beschichteten Pfanne etwas Öl erhitzen und aus dem Teig dünne Pfannkuchen ausbacken. Beiseitestellen und erkalten lassen.

3 Den Spinat auftauen lassen. Die Zwiebel abziehen und fein würfeln. Die Butter in einem Topf erhitzen und die Zwiebel darin glasig dünsten. Spinat hinzugeben und mitdünsten. Das Gemüse mit Pfeffer, Muskatnuss und Salz würzen. Die Hälfte der Käseraspel untermengen.

4 Die Spinatmasse auf die Pfannkuchen verteilen, diese fest aufrollen und eng nebeneinander in eine kleine ofenfeste Form legen. Den Backofen auf 180 °C vorheizen.

5 Für die Sauce die Butter in einem kleinen Topf erhitzen, das Mehl einrühren und unter Rühren kurz anschwitzen. Mit Milch ablöschen und die Gemüsebrühe unterrühren. Alles 5 Minuten unter Rühren zu einer sämigen Sauce köcheln. Den restlichen Käse darin schmelzen.

6 Die Sauce über die Pfannkuchen verteilen und das Ganze auf mittlerer Einschubleiste 20 bis 25 Minuten überbacken.

Brokkoli-Flan

schmeckt auch mit Blumenkohl, Kohlrabi oder Zucchini

Zubereitungszeit: 25 Minuten
Backzeit: 20 Minuten

Eine Portion enthält:

462 kcal (1933 kJ)	7 g Kohlenhydrate
29 g Eiweiß	805 mg Kalzium
35 g Fett	71 mg Harnsäure

Zutaten für 2 Portionen

- 250 g Brokkoli
- Salz
- 125 ml Milch
- 2 große Eier
- 100 g geriebener Emmentaler oder anderer Hartkäse
- Pfeffer, geriebene Muskatnuss
- 2 EL Sonnenblumenmargarine (für die Form und zum Belegen)
- Semmelbrösel für die Form
- Basilikumblättchen zum Garnieren

Zubereitung

1 Den Brokkoli waschen, putzen, die Strünke schälen, dann das Gemüse in mundgerechte Stücke und Röschen teilen und in kochendem Salzwasser etwa 10 Minuten garen. Auf ein Sieb abgießen, mit eiskaltem Wasser abschrecken und gut abtropfen lassen.

2 Die Milch mit den Eiern verquirlen, die Masse mit Pfeffer, Muskat und Salz würzen. Den geriebenen Käse untermischen.

3 Eine Gratinform mit etwas Margarine ausstreichen und mit Semmelbröseln ausstreuen. Den Backofen auf 180 °C vorheizen.

4 Den Brokkoli in der Form verteilen, die Eiermasse darübergeben und die restliche Margarine in Flöckchen darauf setzen. Auf mittlerer Einschubleiste etwa 20 Minuten überbacken, bis die Eiermasse gestockt ist.

5 Mit Basilikumblättchen anrichten.

SERVIERTIPP

Sie können den Flan auch in zwei Portionsformen zubereiten. Dann reduziert sich die Backzeit auf 12 bis 15 Minuten. Je größer und flacher die Form und je kleiner die Einfüllhöhe, desto kürzer die Backzeit.

Mediterrane Gemüsequiche mit Kräuterdip

lecker für die Familie und Gäste

Zubereitungszeit: 30 Minuten
Ruhezeit: 1 Stunde
Backzeit: 55 Minuten

Eine Portion enthält:

510 kcal (2137 kJ)	40 g Kohlenhydrate
22 g Eiweiß	347 mg Kalzium
28 g Fett	87 mg Harnsäure

Zutaten für 6 Portionen

Für den Teig

250 g Mehl
ca. 100 ml Wasser
100 g Sonnenblumenmargarine
1 Msp. Salz
Mehl zum Ausrollen
Öl für die Form
Trockenerbsen zum Blindbacken
200 g saure Sahne
3 Eier
2 Pck. Italienische Gemüsepfanne (à 480 g, TK-Ware)
100 g geriebener Käse (Emmentaler, Bergkäse o. Ä.)

Für den Kräuterdip

200 g Speisequark (20 % F. i. Tr.)
100 g Naturjoghurt (3,5 % Fett)
reichlich fein gewiegte frische Kräuter (Petersilie, Dill, Schnittlauch, Thymian, Estragon, Majoran etc.) oder
1 Becher TK-Kräutermischung (50 g)
Pfeffer, Salz, Paprikapulver (edelsüß)

Außerdem

Frischhaltefolie, Backpapier

Zubereitung

1 Das Mehl mit Wasser, Margarine und Salz zu einem glatten Teig verkneten, zu einer Kugel formen, in Frischhaltefolie wickeln und 1 Stunde im Kühlschrank ruhen lassen.

2 Den Teig auf einer bemehlten Arbeitsfläche auf die Größe einer Quiche- oder Tarteform (26 cm Durchmesser) ausrollen. Die Form mit Öl ausstreichen, den Teig hineinlegen und den Rand hochdrücken. Den Backofen auf 180 °C vorheizen. Ein Stück Backpapier auf den Teigboden legen, die Trockenerbsen daraufstreuen und den Teig auf mittlerer Einschubleiste 10 Minuten vorbacken.

3 Die Erbsen und das Papier entfernen, den Quicheboden weitere 5 Minuten backen, dann herausnehmen.

4 Die saure Sahne mit den Eiern vermischen und unter das gefrorene Gemüse mischen, die Mischung in die Quiche- oder Tarteform geben und mit Käse bestreuen. Auf mittlerer Einschubleiste etwa 40 Minuten backen.

5 Für den Kräuterdip den Quark mit dem Joghurt glatt rühren, mit Pfeffer, Salz und etwas Paprikapulver würzen und die Kräuter unterrühren.

6 Die Quiche aus dem Ofen nehmen, kurz abkühlen lassen, dann mit dem Kräuterdip servieren.

Gemüsetarte mit Käse

Blätterteig macht sie besonders fein

Zubereitungszeit: 25 Minuten
Backzeit: 20 Minuten

Eine Portion enthält:

503 kcal (2105 kJ)	38 g Kohlenhydrate
23 g Eiweiß	503 mg Kalzium
29 g Fett	34 mg Harnsäure

Zutaten für 6 Portionen

Öl für die Form
1 Päckchen Blätterteig (275 g, Fertigprodukt aus dem Kühlregal, auf Backpapier, runder Fladen mit 28 cm Durchmesser oder eckiger Teig 40 x 25 cm)
Mehl zum Ausrollen
1 EL Öl
2 Schalotten (50 g)
700 g Balkangemüse (TK-Ware)
400 ml Milch
3 Eier
1 Becher Bärlauch (TK-Ware)
Pfeffer, geriebene Muskatnuss, Salz
200 g geriebener Käse (Emmentaler, Bergkäse, Greyerzer, Pecorino, mittelalter Gouda o. Ä.)

Zubereitung

1 Eine Tarte- oder Springform (26 cm Durchmesser) leicht mit Öl einfetten. Den Blätterteig auf dem Backpapier entrollen, mit Wasser bestreichen und das Backpapier abziehen. Den runden Fladen direkt in die Form legen und am Rand etwas hochdrücken. Bei einem rechteckigen Teig auf bemehlter Arbeitsfläche eine Teigscheibe in Größe der Form ausrollen, aus den Teigresten 2 cm breite Streifen mit dem Teigroller ausschneiden und als Rand an die Form drücken.

2 Das Öl in einer beschichteten Pfanne erhitzen. Die Schalotten abziehen, fein würfeln und im Fett glasig dünsten. Das Gemüse dazugeben und mitdünsten, bis es knackig und die Flüssigkeit verdampft ist. Den Backofen auf 180 °C vorheizen.

3 Die Milch mit den Eiern verquirlen, den Bärlauch unterrühren und das Ganze mit Pfeffer, Muskatnuss sowie Salz würzen. Den Käse untermischen.

4 Das Gemüse auf dem Teigboden verteilen, die Eiermasse darübergießen und die Tarte auf mittlerer Einschubleiste etwa 20 Minuten backen. Etwas abkühlen lassen, warm in Tortenstücke schneiden und rasch servieren.

Mini-Gratins mit Lauch und Mais

schnell und einfach für Feste und Gäste

Zubereitungszeit: 20 Minuten
Backzeit: 15–20 Minuten

Ein Mini-Gratin enthält:

120 kcal (501 kJ)	9 g Kohlenhydrate
3 g Eiweiß	64 mg Kalzium
8 g Fett	11 mg Harnsäure

Zutaten für 16–20 Gratins

- 1 Packung Blätterteig (aus dem Kühlregal, 275 g, Rechteck 40 x 25 cm mit Backpapier)
- 1 Zwiebel
- 2 EL Öl
- 250 g Lauch
- 75 ml Gemüsebrühe (aus Würfel oder Instantpulver)
- 2–3 EL Maiskörner aus der Dose
- 1 rote Chilischote aus dem Glas (mild)
- Currypulver, Salz
- 100 g Schnittkäse am Stück (45 % F. i. Tr., z. B. Leerdammer)

TIPP

Sie können den Teig auch samt Backpapier komplett auf ein Blech legen, die Füllung häufchenweise darauf verteilen und entweder Quadrate vor dem Backen ausradeln oder die ganze Fläche nach dem Backen in Quadrate schneiden.

Zubereitung

1 Den Blätterteig auf der Arbeitsfläche entrollen, aus dem Teig mit einem Glas Scheiben mit einem Durchmesser von etwa 6 cm ausstechen und auf ein mit Backpapier belegtes Blech legen.

2 Die Zwiebel abziehen und fein würfeln. Das Öl in einer beschichteten Pfanne erhitzen und die Zwiebel darin glasig dünsten.

3 Den Lauch waschen, putzen, der Länge nach halbieren, in sehr feine Streifen schneiden und diese nochmals abbrausen. Gut trocken schütteln, dann zu den Zwiebeln in die Pfanne geben. Die Gemüsebrühe angießen und den Mais untermischen. Die Chilischote längs halbieren, Kerne entfernen und das Fruchtfleisch klein schneiden. Zum Gemüse in die Pfanne geben. Das Ganze 5 Minuten dünsten, bis die Flüssigkeit verdampft ist. Das Gemüse abkühlen lassen.

4 Den Backofen auf 200 °C vorheizen. Den Käse fein reiben. Das Gemüse in kleinen Portionen auf die Teigplätzchen geben und den Käse darüber verteilen. Die Mini-Gratins auf mittlerer Einschubleiste 15 Minuten backen, bis die Teigränder goldgelb sind.

Kartoffel-Lauch-Gratin

einfach und lecker

Zubereitungszeit: 30 Minuten
Backzeit: 10–15 Minuten

Eine Portion enthält:

431 kcal (1803 kJ)	41 g Kohlenhydrate
18 g Eiweiß	404 mg Kalzium
20 g Fett	62 mg Harnsäure

Zutaten für 2 Portionen

- 500 g vorwiegend festkochende Kartoffeln
- 100 g Lauch
- Salz
- 75 g Schmand oder saure Sahne (24 % Fett)
- 3 EL Milch
- 1 Ei
- Pfeffer, geriebene Muskatnuss
- 30 g geraspelter Emmentaler

Zubereitung

1 Die Kartoffeln waschen und knapp mit Wasser bedeckt etwa 15 Minuten halb gar kochen.

2 Inzwischen den Lauch waschen, putzen, längs halbieren, nochmals abbrausen, dann abtropfen lassen. Den Lauch in Scheiben schneiden und in kochendem Salzwasser 5 Minuten garen.

3 Den Lauch abgießen, gut abtropfen lassen.

4 Eine kleine Gratinform mit Butter ausstreichen und die Kartoffelscheiben schräg darin einschichten, zwischen die Kartoffelreihen den Lauch schichten. Den Backofen auf 200 °C vorheizen.

5 Den Schmand oder die saure Sahne mit Milch und Ei gut verquirlen und kräftig mit Pfeffer, Muskat sowie Salz würzen. Den Käse untermischen und die Masse gleichmäßig über das Gemüse verteilen. Auf mittlerer Einschubleiste im Backofen 10 bis 15 Minuten backen.

Allgäuer Kartoffelgratin

beliebter Klassiker, aber mit weniger Fett

Zubereitungszeit: 15 Minuten
Backzeit: 45–50 Minuten

Eine Portion enthält:

590 kcal (2469 kJ)	43 g Kohlenhydrate
32 g Eiweiß	923 mg Kalzium
32 g Fett	48 mg Harnsäure

Zutaten für 2 Portionen

- 500 g kleine vorwiegend festkochende Kartoffeln
- Pfeffer, geriebene Muskatnuss, Salz
- 1 kleine Knoblauchzehe
- Öl für die Form
- 150 g geriebener Emmentaler oder anderer Hartkäse (45 % F. i. Tr.)
- 1 TL Sonnenblumenmargarine
- 1 EL Mehl
- 100 ml Milch
- 100 ml Gemüsebrühe (aus Würfel oder Instantpulver)
- 1 Ei
- Schnittlauchröllchen zum Garnieren

SERVIERTIPP

Dazu passt gemischter Salat (Blattsalat, Kirschtomaten, Gurke) mit Essig-Öl-Dressing.

Zubereitung

1 Die Kartoffeln waschen, schälen und in dünne Scheiben hobeln. Mit Pfeffer, Muskat und Salz würzen.

2 Die Knoblauchzehe abziehen, halbieren und eine kleine Gratinform mit den Schnittflächen ausreiben. Die Form dann mit etwas Öl ausfetten, die Kartoffelscheiben schräg oder aufrecht in die Form einschichten, dazwischen jeweils etwas Käse streuen. Den Backofen auf 180 °C vorheizen.

3 Die Margarine in einem Töpfchen erhitzen und das Mehl darin unter Rühren hell anschwitzen. Mit Milch ablöschen und unter ständigem Rühren bei milder Hitze köcheln, dann die Gemüsebrühe angießen und alles zu einer sämigen Sauce verrühren. Etwa 5 Minuten durchköcheln lassen, dann den Topf vom Herd nehmen.

4 Das Ei unterrühren und den restlichen Käse zugeben. Die Sauce über die Kartoffeln verteilen und das Ganze auf mittlerer Einschubleiste etwa 45 bis 50 Minuten überbacken. Mit Schnittlauchröllchen bestreut servieren.

Kartoffeln mit Tsatsiki

preiswert, gesund und ganz einfach

Zubereitungszeit: 35 Minuten

Eine Portion enthält:

335 kcal (1340 kJ)	45 g Kohlenhydrate
20 g Eiweiß	219 mg Kalzium
7 g Fett	44 mg Harnsäure

Zutaten für 2 Portionen

4 große vorwiegend festkochende Kartoffeln
1 Salatgurke
1 kleine Knoblauchzehe
½ Bund Dill
200 g Magerquark
125 g saure Sahne
weißer Pfeffer, Salz

Zubereitung

1 Die Kartoffeln waschen, dabei gründlich abbürsten und knapp mit Wasser bedeckt etwa 25 bis 30 Minuten (je nach Größe) garen.

2 Inzwischen die Gurke schälen, ein paar Scheiben für die Garnitur abschneiden, den Rest fein raspeln. Die Zwiebel sowie den Knoblauch abziehen und fein würfeln. Den Dill waschen, trocken tupfen und fein wiegen.

3 Gurke, Zwiebel, Knoblauch und Dill in eine Schüssel geben, den Quark und die saure Sahne hinzufügen und gut miteinander vermengen. Mit Pfeffer und Salz pikant abschmecken.

4 Die Kartoffeln abgießen, eine lange Seite mit einem Messer etwas abflachen, damit sie auf dem Teller Stand haben. Dann mit einem Löffel leicht aushöhlen (das Innere auf den Teller legen) und in die Vertiefung Tsatsiki einfüllen. Den Rest dazuservieren.

SERVIERTIPP

Natürlich können Sie die Kartoffeln auch anders – zur Selbstbedienung in einer Schüssel – servieren und das Tsatsiki getrennt dazu reichen.

Erdbeer-Quarkdessert

fruchtig und erfrischend

Zubereitungszeit: 15 Minuten

Eine Portion enthält:

273 kcal (1142 kJ)	19 g Kohlenhydrate
8 g Eiweiß	118 mg Kalzium
16 g Fett	19 mg Harnsäure

Zutaten für 2 Portionen

- 150 g Erdbeeren
- 100 g Schlagsahne
- 100 Magerquark
- 1 EL Manuka-Honig (Reformhaus)
- 20 ml Orangenlikör oder Orangensaft
- Zitronenmelisse zum Garnieren

Zubereitung

1 Die Erdbeeren waschen und putzen. Zwei schöne Erdbeeren zurückbehalten, die restlichen zur Hälfte pürieren bzw. in kleine Stücke schneiden.

2 Die Sahne steif schlagen. Quark mit den pürierten Erdbeeren verrühren, mit Honig süßen, mit Orangenlikör oder dem Saft abschmecken. Die Schlagsahne unterziehen und die Erdbeerstücke unterheben.

3 Die Masse in zwei Gläser füllen, mit den Erdbeerhälften und der Zitronenmelisse garnieren.

TIPP

Verwenden Sie bevorzugt Früchte der Saison und aus dem eigenen Land – sie sind erntereif, schmecken besser, haben den höchsten Vitamingehalt, kurze Transportwege hinter sich und sind auch preiswerter als Früchte, die importiert werden. Quarkspeisen lassen sich sehr vielseitig zubereiten, auch mit Kirschen, Himbeeren, Johannisbeeren, Aprikosen oder Bananen.

Quarkdessert mit Birne und Weintrauben

schnell gemacht

Zubereitungszeit: 10 Minuten

Eine Portion enthält:

338 kcal (1414 kJ)	33 g Kohlenhydrate
8 g Eiweiß	114 mg Kalzium
18 g Fett	22 mg Harnsäure

Zutaten für 2 Portionen

- 100 g Magerquark
- 100 g Schlagsahne
- 1 TL Zitronensaft
- 1 EL Maraschino-Likör nach Belieben
- 1 EL Manuka-Honig (Reformhaus)
- 1 TL Vanillezucker
- 1 Birne
- einige Haselnüsse
- 100 g Weintrauben

Zubereitung

1 Den Quark mit 3 EL Sahne, Zitronensaft und Maraschino cremig rühren und mit Honig süßen. Die restliche Sahne mit Vanillezucker steif schlagen und unter den Quark ziehen.

2 Die Birne schälen, vierteln, vom Kerngehäuse befreien und eine Hälfte fein würfeln, die zweite in dünne Spalten schneiden. Die Haselnüsse in feine Scheiben schneiden. Die Birnenwürfel unter die Quarkmasse heben und diese in zwei Dessertgläser füllen. Mit Birnenspalten, Trauben und Haselnuss-Scheibchen garnieren.

TIPP

Wer auf die Kalorien und den Fettgehalt achten muss, verwendet Milch anstelle von Sahne. Sie wird dann einfach unter den Quark gerührt.

Bayerische Creme mit Beeren

ein Dessert für die Familie und für Gäste

Zubereitungszeit: 20 Minuten (ohne Kühlzeit)

Eine Portion enthält:

355 kcal (1486 kJ)	33 g Kohlenhydrate
7 g Eiweiß	182 mg Kalzium
21 g Fett	7 mg Harnsäure

Zutaten für 4 Portionen

- 400 ml fettarme Milch
- ½ Vanilleschote
- 100 g Zucker
- 1–2 Tropfen Bittermandelaroma
- 6 Blatt Gelatine
- 3 Eigelb
- 200 g Schlagsahne
- 100 g Beerenfrüchte (Erdbeeren, Himbeeren, Heidelbeeren)

Zubereitung

1 Die Milch mit der Vanilleschote kurz erwärmen. Schote herausnehmen, längs durchschneiden, das Mark herauskratzen und mit dem Zucker und dem Bittermandelaroma zurück in die Milch geben.

2 Die Gelatine in kaltem Wasser einweichen. Die Milch aufkochen, vom Herd nehmen, etwas abkühlen lassen. Erst die ausgedrückte Gelatine, dann die Eigelbe einrühren.

3 Die Creme kalt stellen, dabei mehrmals umrühren. Die Sahne steif schlagen und unter die Creme heben. Wieder kalt stellen. Die Beerenfrüchte waschen und putzen, die Erdbeeren halbieren. Die Bayerische Creme mit den Beerenfrüchten anrichten.

TIPP

Luftiger wird die Creme, wenn man zunächst zwei steif geschlagene Eiweiße unterhebt und dann die Sahne unterrührt. Das Ganze bekommt mehr Volumen.

FRISCH GEERNTET UND VERARBEITET – SALAT, GEMÜSE, KARTOFFELN UND OBST

Frisches Gemüse ist unentbehrlich in jeglicher Form der Ernährung. Wenn die Kost – wie bei Rheuma und Gicht – vegetarisch ausgerichtet sein soll, muss auch die jahreszeitliche Vielfalt von Gemüse & Co. berücksichtigt werden.

Eine Auswahl von gesunden Rezepten mit pflanzlichen Produkten über das ganze Jahr ist heute ohne Tiefkühlgemüse kaum denkbar und fester Bestandteil einer gesunden und ausgewogenen Ernährung. Deshalb finden Sie in diesem Kapitel eine Reihe Rezepte mit TK-Ware. Tiefgefrorenes Gemüse schneidet im Gesundheitswert sehr gut ab, weil es erntefrisch verarbeitet wird und dadurch seine ganze Nährstoffvielfalt behält. Daneben ist natürlich auch an saisonfrische Salate, Kräuter und Früchte gedacht.

Viele Rezepte eignen sich für die ganze Familie, der Zeitaufwand hält sich dabei in Grenzen.

Von besonderer Bedeutung ist der Reichtum an sekundären Pflanzenstoffen. Das sind biologisch aktive Substanzen, die dem gesamten Stoffwechsel guttun und die Abwehrkräfte stärken. Einige sind auch in Hülsenfrüchten enthalten. Da diese aber wegen ihres Harnsäuregehaltes problematisch für Gichtpatienten sein können, werden sie nur sparsam verwendet. Ihnen ist ein eigenes kleines Kapitel gewidmet.

Zwiebelsuppe

immer wieder ein Renner

Zubereitungszeit: 35 Minuten

Eine Portion enthält:

265 kcal (1109 kJ)	15 g Kohlenhydrate
13 g Eiweiß	283 mg Kalzium
17 g Fett	40 mg Harnsäure

Zutaten für 2 Portionen

150 g Zwiebeln
1 EL Sonnenblumenöl
1 TL Mehl
100 ml trockener Weißwein
350 ml Gemüsebrühe
(aus Würfel oder Instantpulver)
getrockneter Thymian und Rosmarin
Pfeffer aus der Mühle, Salz
75 g halbfester Schnittkäse
(z. B. Leerdammer, 45 % F. i. Tr.)
2 Scheiben Toastbrot

Zubereitung

1 Die Zwiebeln abziehen, halbieren und in feine Halbringe schneiden. Das Öl in einem Topf erhitzen und die Zwiebeln unter gelegentlichem Rühren etwa 3 Minuten glasig dünsten. Mit Mehl bestäuben, durchrühren und den Wein zugeben.

2 Mit Gemüsebrühe auffüllen und das Ganze zugedeckt 10 bis 15 Minuten bei milder Hitze köcheln lassen. Inzwischen den Backofen auf 225 °C vorheizen.

3 Kurz vor Ende der Garzeit die getrockneten Kräuter unter die Zwiebeln mischen und mitgaren.

4 Die Suppe mit Pfeffer und Salz abschmecken und in Suppentassen füllen.

5 Den Käse grob raspeln oder in feine Streifen schneiden, auf dem Toastbrot verteilen und jeweils eine Scheibe auf die Suppe legen. Im Backofen auf mittlerer Einschubleiste 3 bis 5 Minuten goldgelb überbacken. Vorsichtig herausnehmen!

TIPP

Die Zwiebelsuppe ist nicht nur etwas für den kleinen Haushalt, sondern stets ein Renner auf Partys oder als sättigende Mitternachtssuppe. Erweitern Sie das Rezept auf die Anzahl der Gäste, mit Wein können Sie dabei sparsamer umgehen. Stellen Sie die Suppentassen am besten auf ein Backblech, das erleichtert das Herausnehmen, denn die Tassen sind sehr heiß. Je länger Sie die Zwiebeln dünsten, desto sämiger wird die Suppe und desto besser verschwindet die Schärfe des Gemüses.

Gurken-Dill-Suppe

fein würzig und cremig

Zubereitungszeit: 20 Minuten

Eine Portion enthält:

158 kcal (661 kJ)	8 g Kohlenhydrate
2 g Eiweiß	47 mg Kalzium
13 g Fett	34 mg Harnsäure

Zutaten für 2 Portionen

- 300 g Salatgurke
- 1 Schalotte
- 1 Bund Dill
- 1 EL Raps- oder Sonnenblumenöl
- 300 ml Gemüsebrühe (aus Würfel oder Instantpulver)
- 50 g saure Sahne
- 1 TL Speisestärke
- Pfeffer, Salz

Zubereitung

1 Die Gurke waschen, schälen und fein würfeln. Die Schalotte abziehen und ebenfalls fein würfeln. Den Dill waschen, trocken schütteln und die zarten Zweige mit den Fähnchen fein wiegen.

2 Das Öl in einem Topf erhitzen. Die Schalottenwürfel darin andünsten, dann Gurkenwürfel sowie Dill hinzugeben und unter Rühren leicht anschwitzen. Mit Gemüsebrühe ablöschen. Kurz durchköcheln lassen.

3 Die saure Sahne mit der Speisestärke glatt rühren und unterrühren. Die Suppe aufkochen und 5 Minuten leise köcheln lassen. Mit Pfeffer und Salz abschmecken.

SERVIERTIPP

Streuen Sie noch geröstete Knoblauch-Croûtons über die Suppe und garnieren Sie mit Dill. Statt Gurke können Sie auch Zucchini verwenden. Zum Würzen passen dann Knoblauch und Thymian (statt Dill).

Tomatensuppe mit Basilikum

frisch selbst gemacht schmeckt sie am besten

Zubereitungszeit: 30 Minuten

Eine Portion enthält:

170 kcal (711 kJ)	6 g Kohlenhydrate
3 g Eiweiß	35 mg Kalzium
14 g Fett	24 mg Harnsäure

Zutaten für 2 Portionen

300 g vollreife Fleischtomaten
1 kleine Schalotte
1 EL Olivenöl
schwarzer Pfeffer aus der Mühle, Salz
einige frische Basilikumblättchen
300 ml Gemüsebrühe (aus Würfel oder Instantpulver)
1 EL Schlagsahne
2 EL Crème fraîche

Zubereitung

1 Wasser in einem Topf zum Kochen bringen. Die Tomaten oben kreuzweise einritzen, auf ein Sieb oder eine Schaumkelle geben und etwa 1 Minute ins kochende Wasser halten. Eiskalt abschrecken (am besten in Wasser mit Eiswürfeln legen!) und mit einem spitzen Messer die Haut abziehen. Die Tomaten vierteln, Strunk sowie Kerne entfernen und das Fruchtfleisch klein schneiden.

2 Die Schalotte abziehen und fein würfeln.

3 Das Olivenöl in einem Topf erhitzen und die Schalottenwürfel darin glasig werden lassen. Die Tomatenstücke hinzugeben, das Gemüse mit Pfeffer sowie Salz würzen und bei milder Hitze dünsten.

4 Das Basilikum waschen, trocken tupfen, einige Blättchen für die Garnitur beiseitelegen, die restlichen fein wiegen und zu der Tomaten-Zwiebel-Mischung geben.

5 Die Gemüsebrühe angießen und das Ganze zugedeckt bei milder Hitze etwa 5 Minuten köcheln lassen.

6 Die Sahne einrühren und die Suppe im Mixer oder mit einem Passierstab fein pürieren. Nochmals aufkochen, abschmecken, auf Teller oder Suppentassen verteilen und auf jede Portion etwas Crème fraîche setzen. Mit den restlichen Basilikumblättchen garnieren.

TIPP

Fleischtomaten haben einen höheren Anteil an Fruchtfleisch als normale Salattomaten. Daher eignen sie sich besser zur Zubereitung von Suppen und Saucen. Achten Sie unbedingt auf vollreife Früchte. Sie haben das beste Aroma und den höchsten Gehalt an wertvollen sekundären Pflanzenstoffen.

Karottencremesuppe mit Croûtons

die schmeckt auch Kindern

Zubereitungszeit: 45 Minuten

Eine Portion enthält:

160 kcal (669 kJ)	15 g Kohlenhydrate
3 g Eiweiß	55 mg Kalzium
10 g Fett	30 mg Harnsäure

Zutaten für 4 Portionen

- 400 g Karotten
- 1 kleine Kartoffel
- 1 kleines Stück Petersilienwurzel oder Sellerieknolle
- 2 Schalotten
- 2 EL Rapsöl
- 700 ml Gemüsebrühe (aus Würfel oder Instantpulver)
- 1 TL süßer Senf
- Pfeffer, Curry, Salz
- Korianderblättchen (oder Kerbel, Majoran, glatte Petersilie)
- 2 Scheiben Vollkorntoastbrot
- 20 g Kräuterbutter

Zubereitung

1 Karotten, Kartoffel, Petersilienwurzel oder Sellerieknolle waschen, schälen und in kleine Würfel schneiden. Die Schalotten abziehen und fein würfeln.

2 Das Öl in einem großen Topf erhitzen und zunächst die Schalotten darin glasig dünsten. Das restliche Gemüse hinzufügen und zugedeckt sanft andünsten. Es darf nicht braun werden.

3 Unter Rühren die Gemüsebrühe angießen und das Ganze zugedeckt bei milder Hitze etwa 25 Minuten köcheln lassen, bis das Gemüse sehr weich ist.

4 Das Gemüse im Topf mit einem Mixstab fein pürieren. Mit Senf, Pfeffer, Curry und Salz würzen.

5 Die Kräuter waschen, trocken schütteln und ein paar Zweige zum Garnieren beiseitelegen. Die restlichen fein wiegen, untermischen und das Ganze aufkochen.

6 Für die Croûtons die Toastbrotscheiben in 1 cm große Würfel schneiden. Die Kräuterbutter in einer beschichteten Pfanne erhitzen, die Brotwürfel darin von allen Seiten goldbraun anrösten, dann herausnehmen. Die Suppe auf vorgewärmte Teller oder Suppenschalen verteilen, darauf die Croûtons streuen. Mit Kräuterblättchen garnieren.

TIPP

Karotten gehören zu den besten Lieferanten für Antioxidantien, wirken entzündungshemmend, stärken das Immunsystem, schützen vor schädlichen UV-Strahlen und helfen bei Darmproblemen.

Spargelsuppe

wirkt entwässernd und entschlackend

Zubereitungszeit: 30 Minuten

Eine Portion enthält:

175 kcal (730 kJ)	11 g Kohlenhydrate
4 g Eiweiß	67 mg Kalzium
13 g Fett	69 mg Harnsäure

Zutaten für 2 Portionen

200 g frischer Spargel (weiß und grün)
Salz
1 Schalotte
1 EL Sonnenblumenmargarine
2 EL Mehl
50 g Schlagsahne
200 ml Spargelsud
200 ml Gemüsebrühe
Pfeffer, geriebene Muskatnuss, Salz
frische gewiegte Kräuter (z. B. Petersilie, Kerbel, Schnittlauch) nach Belieben

Zubereitung

1 Den Spargel waschen, schälen und in 2 cm lange Stücke schneiden. In reichlich Salzwasser bissfest garen. Dann mit einer Schaumkelle herausnehmen und auf einen Teller geben.

2 Die Schalotte abziehen und fein würfeln. Die Margarine erhitzen und die Schalotte darin bei mittlerer Hitze andünsten. Das Mehl darüberstäuben und unter Rühren anschwitzen.

3 Mit Sahne ablöschen und unter Rühren abbrennen. Den Spargelsud hinzufügen und das Ganze mit einem Schneebesen glattrühren. Bei milder Hitze unter Rühren aufkochen lassen. Die Gemüsebrühe hinzugeben und die Suppe etwa 5 Minuten unter Rühren durchköcheln lassen.

4 Mit Pfeffer, Muskat sowie Salz abschmecken. Die Spargelstücke hinzugeben und die Suppe aufkochen. Nach Belieben mit gewiegten Kräutern bestreuen.

Kernige Lauchsuppe

einfach und schnell gemacht

Zubereitungszeit: 25 Minuten

Eine Portion enthält:

200 kcal (837 kJ)	26 g Kohlenhydrate
8 g Eiweiß	241 mg Kalzium
8 g Fett	87 mg Harnsäure

Zutaten für 2 Portionen

30 g Zartweizen (oder Weizenkörner, mittelgrob geschrotet)

400 ml Gemüsebrühe (aus Würfel oder Instantpulver)

200 g Lauch

1 Karotte

1 Stückchen Sellerieknolle

1 Schalotte

125 ml Milch

Pfeffer, geriebene Muskatnuss, Salz

etwas geschlagene Schlagsahne zum Garnieren

Zubereitung

1 Den Weizen in einem Topf ohne Fettzugabe bei mittlerer Hitze ganz leicht anrösten. Mit Gemüsebrühe aufgießen und das Ganze aufkochen.

2 Das Gemüse waschen und putzen. Den Lauch in sehr feine Ringe schneiden, Karotte und Sellerie schälen und fein würfeln. Schalotte abziehen und ebenfalls fein würfeln. Das Gemüse zur Brühe geben, die Milch einrühren und das Ganze zugedeckt etwa 15 Minuten köcheln lassen.

3 Mit Pfeffer, Muskat und Salz würzen, auf Teller verteilen und mit einem Sahnetupfer garnieren.

TIPP

Bei Zartweizen handelt es sich um Weizenkörner, die besonders zart kochen und als Alternative zu Reis oder Grünkern verwendet werden.

Gemüse „zum Löffeln“

ideal als Erfrischung im Sommer

Zubereitungszeit: 25 Minuten
Zeit zum Kühlen: 1 Stunde

Eine Portion enthält:

105 kcal (439 kJ)	8 g Kohlenhydrate
4 g Eiweiß	124 mg Kalzium
6 g Fett	25 mg Harnsäure

Zutaten für 2 Portionen

- 1 Lauch- oder Frühlingszwiebel
- 1 Karotte
- 1 Stück Salatgurke (ca. 100 g)
- 1 Stückchen rote oder gelbe Paprikaschote (ca. 50 g)
- 1 Tomate
- einige Blättchen Rucola nach Belieben
- frische Kräuter (Petersilie, Dill, Kerbel, Basilikum)
- 1 EL Sonnenblumenöl
- 100 ml Gemüsebrühe (aus Würfel oder Instantpulver)
- 150 g Naturjoghurt oder Dickmilch (1,5 % Fett)
- Pfeffer, Salz

SERVIERTIPP

Dazu schmeckt geröstetes Vollkornbaguette.

Zubereitung

1 Das Gemüse waschen und putzen.

2 Die Lauch- oder Frühlingszwiebel in feine Ringe schneiden. Die Karotte und das Gurkenstück schälen und sehr fein würfeln. Die Paprika ebenfalls in kleine Würfel schneiden. Die Tomate halbieren, aushöhlen und das Fruchtfleisch klein schneiden.

3 Den Rucola und die Kräuter waschen, trocken tupfen, ein paar kleine Zweige zum Garnieren beiseitelegen, den Rest fein wiegen.

4 Das Öl in einem Topf erhitzen. Zunächst die Zwiebeln zusammen mit den Karotten 5 Minuten andünsten, dann das andere Gemüse hinzugeben und 2 Minuten mitdünsten. Zuletzt die gewiegten Kräuter zugeben und nur ganz kurz anschwitzen. Die Gemüsebrühe angießen und das Ganze einmal aufkochen lassen. Dann abkühlen lassen, am besten noch 1 Stunde in den Kühlschrank stellen.

5 Den Joghurt oder die Dickmilch einrühren und die Kaltschale mit Pfeffer sowie Salz abschmecken. In zwei Suppenteller oder Suppenschalen füllen und mit den restlichen Kräutern garnieren.

Tomatenkaltschale mit Melone

erfrischend und kalorienarm

Zubereitungszeit: 20 Minuten
Zeit zum Kühlen: 1 Stunde

Eine Portion enthält:

251 kcal (1050 kJ)	23 g Kohlenhydrate
5 g Eiweiß	59 mg Kalzium
9 g Fett	45 mg Harnsäure

Zutaten für 2 Portionen

300 g vollreife Tomaten (Fruchtfleisch)
125 g Wassermelone (Fruchtfleisch)
1 Schalotte
1 Zweig frisches Basilikum
1 EL Olivenöl
200 ml Gemüsebrühe (aus Würfel oder Instantpulver)
Pfeffer, Zucker, Salz
2 Scheiben Vollkorntoastbrot
2 EL saure Sahne (10 % Fett) nach Belieben

Zubereitung

1 Wasser in einem Topf zum Kochen bringen. Die Tomaten waschen, Stielansätze entfernen, oben mit einem scharfen Messer kreuzweise einritzen, etwa 1 Minute lang ins kochende Wasser tauchen, dann eiskalt abschrecken. Die Schale abziehen, die Tomaten halbieren und aushöhlen. Das Fruchtfleisch klein schneiden und in ein hohes Rührgefäß geben.

2 Das Fruchtfleisch der Wassermelone von der Schale lösen, die Kerne entfernen und das Fruchtfleisch grob zerkleinern. Zum Tomatenfruchtfleisch geben. Die Schalotte abziehen und fein würfeln. Basilikum waschen, trocken tupfen und fein wiegen.

3 Das Olivenöl erhitzen und die Schalottenwürfel darin andünsten. Basilikum dazugeben und kurz mitdünsten. Mit Gemüsebrühe ablöschen. Das Ganze zu den Zutaten in das Rührgefäß geben und fein pürieren. Mit Pfeffer, Zucker sowie Salz abschmecken und kalt stellen.

4 Das Toastbrot im Toaster goldbraun rösten, in kleine Würfel schneiden und die Hälfte auf zwei Suppenschälchen verteilen. Die Tomatenkaltschale daraufgeben. Die restlichen Brotwürfel darauf verteilen. Die Kaltschale nach Belieben mit einem Klecks saurer Sahne und Kräutern servieren.

TIPP

Sie können statt Melone auch Salatgurke verwenden. Sie zählt wie die Melone zu den Gurkengewächsen, ist wasserreich und kalorienarm.

Badische Grießsuppe

zum Aufwärmen und Sattwerden

Zubereitungszeit: 20 Minuten

Eine Portion enthält:

328 kcal (1365 kJ)	20 g Kohlenhydrate
4 g Eiweiß	132 mg Kalzium
22 g Fett	48 mg Harnsäure

Zutaten für 4 Portionen

- 1 Bund Frühlingszwiebeln
- 350 g Karotten
- 60 g Sonnenblumenmargarine
- 6 EL Hartweizengrieß (75 g)
- 1 l Gemüsebrühe (aus Würfel oder Instantpulver)
- 1 Becher Crème fraîche (150 g)
- Pfeffer aus der Mühle, geriebene Muskatnuss, Salz
- 3 EL fein gewiegte Petersilie

Zubereitung

1 Die Frühlingszwiebeln und die Karotten waschen, putzen, die Karotten schälen. Das Gemüse klein schneiden.

2 Die Margarine in einem Topf erhitzen und den Grieß darin goldgelb rösten, das Gemüse dazugeben und kurz mitrösten. Mit Gemüsebrühe aufgießen. Unter Rühren 10 bis 15 Minuten bei geringer Hitze leise köcheln lassen.

3 Die Crème fraîche einrühren und die Suppe mit Pfeffer, Muskat und Salz würzen. Mit Petersilie bestreut servieren.

TIPP

Statt Frühlingszwiebeln können Sie auch Lauch verwenden.

Blattsalat „Caractère"

mit Sprossen, Pilzen und Käse

Zubereitungszeit: 35 Minuten

Eine Portion enthält:

312 kcal (1305 kJ)	7 g Kohlenhydrate
12 g Eiweiß	311 mg Kalzium
25 g Fett	43 mg Harnsäure

Zutaten für 2 Portionen

Für die Salatmischung

ca. 100 g Blattsalate (Eichblatt, Frisée, Rucola, Feldsalat, Radicchio)

25 g gemischte Sprossen (vorzugsweise Getreide-, Luzerne-, Bambus-, Sonnenblumen- und Kressesprossen)

50 g Kirschtomaten

100 g frische Champignons

1 EL Sonnenblumenöl

Pfeffer aus der Mühle, Salz

Für das Dressing

3 EL Balsamicoessig

2 EL Walnusskernöl

1 TL Honig

½ TL Dijonsenf

70 g Leerdammer

geschroteter bunter Pfeffer nach Belieben

Zubereitung

1 Die Blattsalate waschen, trocken schleudern, putzen und in mundgerechte Stücke pflücken.

2 Sprossen und Kirschtomaten waschen, Champignons mit einem Küchentuch abwischen. Tomaten halbieren, Champignons in dünne Scheiben schneiden.

3 Das Öl in einer beschichteten Pfanne erhitzen und die Pilze darin anbraten, mit Pfeffer und Salz würzen. Aus der Pfanne heben und den Bratfond mit Balsamicoessig ablöschen. Walnusskernöl, Honig sowie Dijonsenf untermischen und das Dressing mit Pfeffer und Salz abschmecken.

4 Den Käse fein hobeln oder in Scheibchen schneiden. Die Blattsalate, Sprossen und den Käse dekorativ in der Tellermitte zu einem Turm aufschichten, mit Käse abschließen. Pilze und Tomaten um den Salat verteilen, das Ganze mit Dressing beträufeln und nach Belieben mit buntem Pfeffer übermahlen.

SERVIERTIPP

Dazu passen Brot und körniger Frischkäse mit Kräutern.

Melonensalat mit Käse

der schmeckt allen

Zubereitungszeit: 20 Minuten

Eine Portion enthält:

370 kcal (1546 kJ)	10 g Kohlenhydrate
17 g Eiweiß	210 mg Kalzium
30 g Fett	38 mg Harnsäure

Zutaten für 4 Portionen

Für die Salatmischung

1 Galia-Melone

200 g Rucola

75 g Frühlingszwiebeln

100 g Kirschtomaten

200 g milder Schnittkäse am Stück (z. B. Leerdammer)

Für das Dressing

4 EL Himbeeressig

Pfeffer aus der Mühle, Zucker, Salz

6 EL Walnusskernöl

Zubereitung

1 Die Melone halbieren, die Kerne mit einem Löffel herausschaben und das Fruchtfleisch mit einem Kugelausstecher herauslösen. Kalt stellen, die Melonenhälften nach Belieben zum Anrichten beiseitestellen.

2 Rucola sowie Frühlingszwiebeln waschen und putzen. Rucola in mundgerechte Stücke pflücken, Frühlingszwiebeln schräg in Ringe schneiden. Kirschtomaten waschen und halbieren.

3 Den Käse dünn hobeln, mit den anderen Salatzutaten mischen und nach Belieben in die ausgehöhlten Melonenschalen füllen oder auf Salattellern anrichten.

4 Den Essig mit Pfeffer, Zucker und Salz verrühren, das Öl unterschlagen und das Dressing über die Salatportionen verteilen.

SERVIERTIPP

Dazu passt knuspriges Baguette, vorzugsweise aus Vollkornmehl.

Tortillas mit Käsesalat und Pfefferdressing

lassen sich originell in Gläsern servieren

Zubereitungszeit: 15 Minuten

Eine Portion enthält:

314 kcal (1429 kJ)	33 g Kohlenhydrate
15 g Eiweiß	305 mg Kalzium
16 g Fett	21 mg Harnsäure

Zutaten für 2 Portionen

Für die Tortillas

2 kleine Tortillafladen (Fertigprodukt)
60 g Erdbeeren
100 g Eisbergsalat
60 g Schnittkäse (45 % F. i. Tr., z. B. Leerdammer)

Für das Pfefferdressing

75 g Naturjoghurt (3,5 % Fett)
1 EL Crème fraîche
einige grüne Pfefferkörner aus dem Glas, fein gewiegt
bunter Pfeffer, grob geschrotet aus der Mühle
weißer Pfeffer, gemahlen
etwas Zucker, Salz
ein Spritzer Balsamicoessig
gewiegte Petersilie

Zubereitung

1 Die Tortillafladen zweimal zur Mitte falten, sodass eine gefächerte Tüte entsteht. Diese jeweils in ein hohes, breites Glas stellen.

2 Die Erdbeeren waschen, putzen und vierteln. Den Salat putzen, waschen und in Streifen schneiden. Mit den Erdbeeren in die Tortillas füllen.

3 Den Käse in feine Streifen oder Stifte schneiden und darüber verteilen.

4 Die Zutaten für das Pfefferdressing gut miteinander verrühren, Dressing abschmecken und als Topping auf die Tortillafüllung geben.

SERVIERTIPP

Das Ganze wird im Glas serviert und aus der Hand gegessen. Halten Sie trotzdem Teller und Servietten bereit, denn es könnte etwas Dressing heraustropfen. Sie können auch eine Füllung mit Gurken- und Paprikastückchen sowie Kräuterquark in die Tortillas geben.

Bunter Blattsalat mit Käse-Crostini

für die Familie und Gäste

Zubereitungszeit: 25 Minuten

Eine Portion enthält:

587 kcal (2454 kJ)	42 g Kohlenhydrate
18 g Eiweiß	447 mg Kalzium
38 g Fett	79 mg Harnsäure

Zutaten für 4 Portionen

- 1 kleiner Kopf Eichblattsalat
- 1 kleiner Kopf Lollo bionda
- 50 g Wildkräuter (ersatzweise Gartenkräuter, Kresse)
- 200 g Avocado
- 2 EL Zitronensaft
- 150 g Kirschtomaten
- 4 frische Feigen (200 g)
- 1 Schalotte
- 3–4 EL Balsamicoessig
- 2 EL süßer Senf
- Pfeffer aus der Mühle, Zucker, Salz
- 3 EL Olivenöl
- 1 kleines Vollkornbaguette (ca. 200 g)
- 1 kleine Knoblauchzehe
- 150 g geraspelter Schnittkäse (45 % F. i. Tr., z. B. Leerdammer)
- Cayennepfeffer nach Belieben

Zubereitung

1 Blattsalate in Blätter zerteilen, waschen, putzen und in mundgerechte Stücke zupfen. Kräuter waschen, mit Küchenpapier trocken tupfen, verlesen und grob wiegen. Avocado halbieren, den Stein herauslösen, die Schale abziehen und das Fruchtfleisch in dünne Spalten schneiden. Mit Zitronensaft beträufeln und mit den Salatblättern sowie den Kräutern in eine Schüssel geben.

2 Die Tomaten waschen, trocken tupfen, halbieren und untermischen. Feigen mit Küchenpapier abreiben, Stielansatz jeweils entfernen, die Früchte in Spalten schneiden. Tomaten und Feigen zur Salatmischung geben.

3 Die Schalotte abziehen und fein wiegen. Zusammen mit Balsamicoessig, Senf, Pfeffer, Zucker sowie Salz gut verrühren, das Öl untermischen und über den Salat geben. Alles gut vermengen.

4 Den Backofen auf 225 °C vorheizen und ein Backblech mit Backpapier auslegen. Das Baguette schräg in Scheiben schneiden. Den Knoblauch abziehen, halbieren, die Baguettescheiben damit einreiben, mit Käse bestreuen und auf das Blech legen. Auf mittlerer Einschubleiste 6 bis 8 Minuten knusprig backen. Mit Cayennepfeffer würzen, dann zum Salat servieren.

Pikante Pfannkuchen mit Gemüse

auch gut mit Buchweizenmehl

Zubereitungszeit: 30 Minuten
Quellzeit: 1 Stunde

Eine Portion (2 Pfannkuchen) enthält:

333 kcal (1394 kJ)	33 g Kohlenhydrate
12 g Eiweiß	111 mg Kalzium
21 g Fett	30 mg Harnsäure

Zutaten für 2 Portionen (4 Pfannkuchen)

- 75 g Vollkornweizenmehl
- 1 gestr. EL Hartweizengrieß
- Salz
- 1 Ei
- 100 ml Milch
- 100 ml kohlensäurehaltiges Mineralwasser
- ein Spritzer Zitronensaft
- 250 g frisches Gemüse (Zucchini, Tomaten, Karotten, Champignons)
- 1 Schalotte
- 1 kleine Knoblauchzehe
- 4 TL Olivenöl
- Pfeffer, frischer Rosmarin

Zubereitung

1 Mehl, Grieß und Salz in einer Schüssel vermengen, Ei und Milch hinzugeben und alles zu einem glatten Teig verrühren. Den Teig 1 Stunde quellen lassen. Erst dann das Mineralwasser und den Zitronensaft unterrühren.

2 Inzwischen das Gemüse waschen, putzen und klein schneiden. Die Schalotte und die Knoblauchzehe abziehen, fein würfeln und in einer beschichteten Pfanne in 1 EL Olivenöl andünsten. Das Gemüse dazugeben und 8 bis 10 Minuten unter gelegentlichem Wenden mitdünsten. Mit Pfeffer, Rosmarin und Salz würzen. Den Backofen auf 50 °C vorheizen.

3 In einer kleinen beschichteten Pfanne pro Pfannkuchen 1 TL Olivenöl erhitzen. Etwas Pfannkuchenteig hineingeben und von beiden Seiten goldbraun ausbacken. Im Backofen warm stellen. Nacheinander vier Pfannkuchen ausbacken.

4 Die Pfannkuchen mit dem Gemüse anrichten.

TIPP

Probieren Sie das Rezept auch mit Buchweizenmehl. Die Pfannkuchen schmecken damit leicht nussig. Übrigens: Wenn Sie weiche Pfannkuchen bevorzugen, verwenden Sie nur Milch für den Teig. Das Mineralwasser macht die Pfannkuchen knuspriger. Ideal ist das Verhältnis 2 : 1.

Geschmortes Königsgemüse mit Kirschtomaten und Petersiliensauce

geht ganz einfach

Zubereitungszeit: 15 Minuten
Garzeit: 25 Minuten

Eine Portion enthält:

409 kcal (1710 kJ)	10 g Kohlenhydrate
16 g Eiweiß	359 mg Kalzium
34 g Fett	255 mg Harnsäure

Zutaten für 2 Portionen

½ Beutel Königsgemüse (TK-Ware, 400 g)
Salz
100 g Kirschtomaten (Cocktailtomaten)
Öl für die Form
1 Bund Petersilie
100 g Schlagsahne
50 g geriebener Parmesan
1 gestr. TL Speisestärke
Pfeffer, geriebene Muskatnuss

Zubereitung

1 Das Königsgemüse 4 bis 5 Minuten in kochendem Salzwasser garen. Abgießen, mit eiskaltem Wasser abschrecken und abtropfen lassen.

2 Die Tomaten waschen und je nach Größe halbieren oder ganz lassen.

3 Eine Auflaufform mit Öl ausstreichen und den Backofen auf 180 °C vorheizen.

4 Die Petersilie waschen, trocken schütteln und fein wiegen. Die Sahne mit der Petersilie, dem Parmesan sowie der Stärke verquirlen und mit Pfeffer, Muskat sowie Salz würzen.

5 Das Königsgemüse und die Tomaten in der Auflaufform verteilen. Die Petersilien-Sahne-Sauce darübergeben und das Ganze auf der mittleren Einschubleiste etwa 25 Minuten backen.

TIPP

Königsgemüse ist eine sehr beliebte TK-Gemüsemischung aus Karotten, Zuckerschoten, Blumenkohl und Brokkoli, die sich sehr vielseitig verwendet lässt und überaus praktisch ist: Keine Putzarbeit, kein Abfall, keine Saisonabhängigkeit und das Gemüse ist einzeln aus dem Beutel entnehmbar.

Gemüsebratlinge

originell, schmecken Groß und Klein

Zubereitungszeit: 45 Minuten

Eine Portion enthält:

417 kcal (1744 kJ)	40 g Kohlenhydrate
17 g Eiweiß	102 mg Kalzium
21 g Fett	128 mg Harnsäure

Zutaten für 4 Portionen

- 1 Beutel Suppengemüse (TK-Ware, 800 g, möglichst ohne Erbsen)
- Salz
- 1 Zwiebel
- 1 Bund Petersilie oder 1 Becher TK-Petersilie
- 100 g Schlagsahne
- 4 Eier
- 200 g Semmelbrösel
- 2 EL Mehl
- Pfeffer, geriebene Muskatnuss
- 2 EL Semmelbrösel oder Mehl zum Wenden
- 2 EL Olivenöl

SERVIERTIPP

Dazu passen Blumenkohlgemüse und Salzkartoffeln. Auch ein knackiger Salat mit Joghurt eignet sich als Begleiter für die Bratlinge. Erbsen sollten bei Gicht nur sparsam verwendet werden.

Zubereitung

1 Das Suppengemüse in kochendem Salzwasser etwa 5 Minuten garen, dann abgießen, mit eiskaltem Wasser abschrecken und gut abtropfen lassen. Die Zwiebel abziehen und würfeln.

2 Das Gemüse zusammen mit den Zwiebelwürfeln in eine Küchenmaschine mit Hackfunktion geben und fein zerkleinern. Die frische Petersilie waschen, trocken schütteln und fein wiegen. TK-Petersilie direkt aus dem Becher verwenden.

3 Die Hälfte der Petersilie, die Sahne sowie die Eier unter die Gemüsemischung mengen, dann nach und nach die Semmelbrösel untermischen. Die Masse mit Pfeffer, Muskat und Salz würzen, nochmals gut durchmischen.

4 Die Gemüsemasse mit nassen Händen zu Bratlingen formen und in Semmelbröseln oder Mehl wenden. Öl in einer beschichteten Pfanne erhitzen und die Bratlinge bei milder Hitze portionsweise darin goldgelb braten. Den Backofen auf 50 °C vorheizen und die fertigen Bratlinge darin bis zum Servieren warm halten, vor dem Servieren mit der restlichen Petersilie bestreuen.

Überbackene Kartoffel-Gemüsepfanne

ein schnelles, mediterranes Essen
für die ganze Familie

Zubereitungszeit: 20 Minuten
Garzeit: 30 Minuten

Eine Portion enthält:

615 kcal (2571 kcal)	30 g Kohlenhydrate
23 g Eiweiß	711 mg Kalzium
45 g Fett	173 mg Harnsäure

Zutaten für 4 Portionen

- 400 g Kartoffeln
- Salz
- 1 Glas getrocknete Tomaten in Öl
- 1 rote Chilischote
- 2 kleine Zwiebeln (rot und weiß)
- 2 Pakete Italienische Gemüsepfanne (TK-Ware, à 480 g)
- 1 Becher Knoblauch-Mischung (TK-Ware, grüner und weißer Knoblauch, gewiegt)
- 200 g Schlagsahne
- 1 TL Speisestärke
- 1 EL Currypulver
- 200 g geriebener Hartkäse (z. B. Emmentaler oder Bergkäse)
- Pfeffer

Zubereitung

1 Die Kartoffeln waschen, schälen, in mundgerechte Stücke schneiden und in kochendem Salzwasser etwa 5 Minuten garen.

2 Die Tomaten samt Öl auf ein Sieb geben, das Öl auffangen und beiseitestellen. Die Tomaten klein schneiden.

3 Die Chilischote waschen, putzen, längs aufschneiden, die Kerne entfernen und die Schote klein schneiden. Die Zwiebeln abziehen und ebenfalls würfeln.

4 Eine Auflaufform mit etwas Tomatenöl einstreichen. In einer Schüssel gefrorenes Gemüse, Zwiebeln, Knoblauch-Mischung, Chilischote, Tomatenstücke und Kartoffeln miteinander vermengen und mit Pfeffer sowie Salz würzen. Den Backofen auf 200 °C vorheizen. Die Gemüsemischung in der Auflaufform verteilen.

5 Die Sahne mit der Speisestärke verrühren, mit Currypulver, Pfeffer sowie Salz würzen und über das Gemüse geben. Den Käse darüberstreuen und das Ganze etwa 30 Minuten backen.

Gemüsepfanne „Gartenfrisch“

Sattmacher für die ganze Familie

Zubereitungszeit: 35 Minuten

Eine Portion enthält:

195 kcal (816 kJ)	11 g Kohlenhydrate
9 g Eiweiß	123 mg Kalzium
16 g Fett	124 mg Harnsäure

Zutaten für 4 Portionen

300 g Blumenkohl (geputzt)
1 kleine Stange Lauch
2 Frühlingszwiebeln
3 Tomaten
4 kleine Karotten
1 kleiner Kohlrabi
6 EL Sonnenblumenöl
100 g Zuckerschoten (TK-Ware)
Pfeffer, Zucker, Salz, Thymian, gewiegte Petersilie

Zubereitung

1 Das Gemüse waschen und putzen.

2 Den Blumenkohl in mundgerechte Röschen teilen, die Strünke klein schneiden. Den Lauch in dünne Scheiben schneiden, die Frühlingszwiebel in 3 cm lange Stücke, die Tomaten halbieren, entkernen und das Fruchtfleisch in Streifen schneiden. Karotten und Kohlrabi schälen und würfeln.

3 Das Öl in einer großen beschichteten Pfanne erhitzen, das vorbereitete Gemüse sowie die Zuckerschoten darin bei mittlerer Hitze 10 bis 12 Minuten dünsten. Mit Pfeffer, Zucker, Salz und Thymian würzen. Zwischendurch wenden.

4 Mit Petersilie bestreuen.

SERVIERTIPP

Dazu schmecken Rosmarinkartoffeln und ein pikanter Dip aus Sauerrahm (z. B. mit Paprika, Kräutern, grünem Pfeffer, Chili).

Blumenkohl-Brokkoli-Gratin

klappt auch mit Kohlrabi und Fenchelknolle

Zubereitungszeit: 20 Minuten
Garzeit: 25 Minuten

Eine Portion enthält:

597 kcal (2496 kJ)	56 g Kohlenhydrate
30 g Eiweiß	468 mg Kalzium
32 g Fett	139 mg Harnsäure

Zutaten für 2 Portionen

250 g Blumenkohl
150 g Brokkoli
Salz
125 g Penne (Rohgewicht)
2 Tomaten
125 g Mozzarella
Olivenöl für die Form
100 g Schlagsahne
1 Ei
Pfeffer aus der Mühle, fein gewiegte Petersilie

SERVIERTIPP

Als Vorspeise passt eine Gemüsebrühe mit Backerbsen. Im Sommer ist ein leichter Salat (Blattsalat, Gurke, Tomate) ideal.

Zubereitung

1 Das Gemüse waschen, putzen, den Blumenkohl in größere Röschen teilen. Den Brokkoli und den Blumenkohl in Salzwasser etwa 8 Minuten garen, herausnehmen und abtropfen lassen.

2 Die Penne in kochendem Salzwasser etwa 7 Minuten bissfest garen, abgießen und abtropfen lassen.

3 Die Tomaten in kleine Würfel und den Mozzarella in Scheiben schneiden. Den Blumenkohl und den Brokkoli in kleine Röschen zerteilen. Den Backofen auf 225 °C vorheizen und eine Auflaufform mit Olivenöl ausstreichen. Etwa zwei Drittel der Nudeln hineingeben. Darauf das gemischte Gemüse schichten und die restlichen Penne darauf verteilen.

4 Die Sahne mit Ei, Salz sowie Pfeffer verquirlen und über die Nudelschicht gießen. Das Ganze etwa 20 Minuten auf der zweituntersten Einschubleiste des Backofens garen, kurz herausnehmen, mit Mozzarella belegen und weitere 5 Minuten überbacken, bis der Käse leicht zerläuft. Mit fein gewiegter Petersilie garniert servieren.

Spinat-Spargel-Gratin mit Gorgonzola

für die ganze Familie

Zubereitungszeit: 30 Minuten
Backzeit: 25 Minuten

Eine Portion enthält:

233 kcal (974 kJ)	11 g Kohlenhydrate
13 g Eiweiß	378 mg Kalzium
15 g Fett	95 mg Harnsäure

Zutaten für 4 Portionen

- 200 g festkochende Kartoffeln
- Salz
- 500 g Spargel
- Olivenöl für die Form
- 35 g rote und weiße Zwiebeln (TK-Ware, fein gehackt)
- 1 Paket Blattspinat mit Gorgonzola (TK-Ware, 300 g)
- Pfeffer
- 100 g geriebener Käse (z. B. Emmentaler, Bergkäse)

Zubereitung

1 Die Kartoffeln waschen, schälen und in Würfel von etwa 2 cm Kantenlänge schneiden. In Salzwasser etwa 8 Minuten bissfest kochen, dann abgießen.

2 Den Spargel schälen, die Enden abschneiden und die Stangen in kurze Stücke schneiden.

3 Eine Auflaufform mit Olivenöl ausstreichen und den Backofen auf 200 °C vorheizen. Die Kartoffelwürfel, Spargelstücke, Zwiebeln und den gefrorenen Spinat in der Form verteilen und das Ganze mit Pfeffer sowie Salz würzen.

4 Mit dem Käse bestreuen und auf mittlerer Einschubleiste etwa 25 Minuten backen.

SERVIERTIPP

Statt des tiefgefrorenen Spinats mit Gorgonzola können Sie auch normalen TK-Blattspinat verwenden und diesen mit Crème fraîche oder Frischkäse ergänzen. Das Gericht ist dann milder im Geschmack. Wenn Sie frischen Blattspinat verwenden, verlängert sich die Zubereitungszeit (waschen, verlesen, putzen, blanchieren) um etwa 20 Minuten. Als Vorspeise eignet sich eine Eierflaum- oder Grießsuppe auf der Basis von Gemüsebrühe. Geben Sie reichlich gewiegte Petersilie hinein.

Spargel-Gratin mit Kartoffeln

ein Muss in der Spargelsaison

Zubereitungszeit: 25 Minuten
Garzeit: 15 Minuten

Eine Portion enthält:

366 kcal (1530 kJ)	28 g Kohlenhydrate
23 g Eiweiß	635 mg Kalzium
18 g Fett	141 mg Harnsäure

Zutaten für 4 Portionen

500 g kleine neue Kartoffeln
Salz
1 kg frischer Spargel
1 Packung Rahmspinat (500 g, TK-Ware)
Öl für die Form
Pfeffer, geriebene Muskatnuss
150 g geriebener Emmentaler oder Bergkäse

Zubereitung

1 Die Kartoffeln waschen und in Salzwasser garen. Inzwischen den Spargel schälen und in einem zweiten Topf in kochendem Salzwasser etwa 5 Minuten blanchieren. Vorsichtig aus dem Wasser heben und abtropfen lassen.

2 Den Rahmspinat in einen Topf geben und zugedeckt bei milder Hitze auftauen und heiß werden lassen. Eine Auflaufform mit Öl einstreichen und den Backofen auf 200 °C vorheizen.

3 Die Kartoffeln abgießen, abschrecken, pellen, je nach Größe halbieren oder ganz lassen. In der Form verteilen. Den Spinat mit Pfeffer, Muskat sowie Salz würzen und darübergeben. Zuletzt die Spargelstangen darauflegen und das Ganze mit Käse bestreuen. Auf mittlerer Einschubleiste etwa 15 Minuten überbacken.

SERVIERTIPP

Statt Spinat können Sie auch Brokkoliröschen verwenden. Wer in der Familie nicht auf die Harnsäurezufuhr achten muss, darf dazu rohen Schinken oder Parmaschinken essen.

Fenchelgratin

mit frischen Kräutern und Käsekruste

Zubereitungszeit: 25 Minuten
Backzeit: 15 Minuten

Eine Portion enthält:

228 kcal (952 kJ)	14 g Kohlenhydrate
10 g Eiweiß	337 mg Kalzium
12 g Fett	56 mg Harnsäure

Zutaten für 2 Portionen

2 Fenchelknollen (300 g)
125 ml Gemüsebrühe (aus Würfel oder Instantpulver)

Für die Sauce

1 Schalotte
1 kleine Knoblauchzehe nach Belieben
1 EL Raps- oder Sojaöl
200 g gehackte Tomaten aus der Dose
Pfeffer aus der Mühle, Salz
reichlich frische Kräuter (Basilikum, Thymian, Oregano)

Außerdem

Öl für die Form
2 EL kernige Haferflocken
3 EL geriebener Parmesan, Grana Padano oder Pecorino (mind. 32 % F. i. Tr.)
5 g Sonnenblumenmargarine in Flöckchen

Zubereitung

1 Die Fenchelknollen putzen, waschen, der Länge nach halbieren und in der Gemüsebrühe in etwa 10 Minuten bissfest garen.

2 Die Schalotte sowie den Knoblauch abziehen und sehr fein würfeln. In einem kleinen Topf das Öl erhitzen und beides darin andünsten. Die Tomatenstücke hinzugeben und das Ganze mit Pfeffer, Salz und Kräutern würzen. Den Backofen auf 225 °C vorheizen.

3 Eine hitzefeste Form mit Öl ausstreichen, die Fenchelhälften mit der Schnittfläche nach unten darin verteilen. Die Tomatenmasse darübergeben.

4 Die Haferflocken mit dem Käse mischen und auf das Gemüse streuen. Die Margarine in Flöckchen darauf verteilen. Das Gemüse auf der mittleren Einschubleiste etwa 15 Minuten überbacken.

SERVIERTIPP

Reichen Sie dazu Salzkartoffeln, Kartoffelpüree oder Basmatireis.

Kartoffel-Zucchini-Gratin

ein sommerlicher Genuss

Zubereitungszeit: 25 Minuten
Backzeit: 15–20 Minuten

Eine Portion enthält:

404 kcal (1690 kJ)	51 g Kohlenhydrate
23 g Eiweiß	395 mg Kalzium
13 g Fett	58 mg Harnsäure

Zutaten für 2 Portionen

- 500 g vorwiegend festkochende Kartoffeln
- 300 g kleine, zarte Zucchini
- 2 Tomaten
- 1 EL Sonnenblumenöl
- 2 Eier
- 5 EL Milch
- Pfeffer, geriebene Muskatnuss, Salz
- 50 g geriebener Emmentaler

Zubereitung

1 Die Kartoffeln schälen, waschen und knapp mit Wasser bedeckt etwa 15 Minuten vorgaren. Abgießen, abkühlen lassen und in dünne Scheiben schneiden.

2 Die Zucchini waschen, die Enden knapp abschneiden und das Gemüse der Länge nach mit einem Gemüsehobel in 2 Millimeter dicke Scheiben schneiden.

3 Die Tomaten waschen, trocken tupfen, halbieren, den Strunk keilförmig herausschneiden, dann jede Hälfte in Spalten schneiden. Eine hitzefeste Form mit Öl ausstreichen und den Backofen auf 200 °C vorheizen.

4 Das Gemüse schichtweise in die Form füllen. Die Eier mit Milch und den Würzzutaten verquirlen und über das Gemüse geben. Den Käse darüberstreuen und das Ganze auf der mittleren Einschubleiste 15 bis 20 Minuten backen.

SERVIERTIPP

Als Vorspeise passt eine sommerliche Gurkenkaltschale mit viel Dill und Schnittlauch.

Kartoffel-Gemüse-Gratin mit Tomatensauce

prima für die Resteküche, dennoch sehr fein

Zubereitungszeit: 25 Minuten
Backzeit: 35 Minuten

Eine Portion enthält:

297 kcal (1243 kJ)	18 g Kohlenhydrate
14 g Eiweiß	303 mg Kalzium
19 g Fett	77 mg Harnsäure

Zutaten für 2 Portionen

75 g gegarte Brokkoliröschen
2 gegarte Pellkartoffeln
½ kleine Aubergine
1 Karotte
1 Stückchen Lauch (nur das Helle)
50 g Champignons
2 EL Olivenöl
75 g passierte Tomaten aus der Packung
1 EL saure Schlagsahne
Pfeffer aus der Mühle, etwas Zucker, Salz
getrockneter Thymian und Majoran
50 g Schnittkäse, 45 % F. i. Tr.
(z. B. Leerdammer)

Zubereitung

1 Den Brokkoli in mundgerechte Röschen teilen. Die Kartoffeln pellen und in Scheiben oder Würfel schneiden. Die Auberginenhälfte waschen, putzen und in Scheiben schneiden. Die Karotte waschen, putzen, schälen und in Scheiben schneiden.

2 Den Lauch putzen, in feine Ringe schneiden, dann gründlich waschen und abtropfen lassen. Die Champignons falls nötig mit Küchenpapier abreiben, putzen und blättrig schneiden.

3 Das Öl in einer beschichteten Pfanne erhitzen und das rohe Gemüse sowie die Pilze darin bei mittlerer Hitze andünsten. Zwischendurch vorsichtig wenden.

4 Das gedünstete Gemüse zusammen mit den gegarten Brokkoliröschen und den Kartoffelscheiben in eine Gratinform geben. Den Backofen auf 180 °C vorheizen.

5 Das Tomatenpüree in einen Topf geben, erhitzen, die saure Sahne unterrühren und das Ganze mit Pfeffer, Zucker sowie Salz abschmecken. Mit Thymian und Majoran würzen. Die Sauce auf dem Gemüse verteilen.

6 Den Käse in feine Streifen schneiden, auf das Gemüse legen und alles auf der mittleren Einschubleiste etwa 35 Minuten überbacken.

Kartoffelrösti mit Gemüse-Antipasti

mediterraner Gemüsegenuss

Zubereitungszeit: 30 Minuten

Eine Portion enthält:

319 kcal (1335 kJ)	33 g Kohlenhydrate
9 g Eiweiß	69 mg Kalzium
16 g Fett	180 mg Harnsäure

Zutaten für 2 Personen

Für die Rösti

- 300 g vorwiegend festkochende Kartoffeln
- 1 kleine Zwiebel
- 2 EL Rapsöl zum Ausbacken
- Pfeffer, geriebene Muskatnuss, Salz

Für das Gemüse

- 1 Knoblauchzehe
- 1 Schalotte
- frische Basilikumblättchen
- 2 EL Olivenöl
- etwas Tomatenmark
- 400 g Italienische Gemüsepfanne (TK-Ware)
- 2 EL dunkler Balsamicoessig
- Pfeffer, etwas Zucker, Salz

Zubereitung

1 Die Kartoffeln schälen, waschen und in eine mit einem sauberen Geschirrtuch ausgelegte Schüssel grob raspeln. Das Tuch an den Enden zusammennehmen und die Kartoffelraspel darin gut ausdrücken. Den Saft weggießen, die Raspel dann in die Schüssel geben. Die Zwiebel abziehen, sehr fein würfeln und zusammen mit den Würzzutaten untermengen.

2 Etwas Rapsöl in einer beschichteten Pfanne erhitzen und aus der Kartoffelmasse nacheinander kleine Puffer knusprig ausbacken. Zwischendurch immer wieder etwas Öl in die Pfanne geben. Den Backofen auf 50 °C vorheizen und die Rösti darin bis zum Servieren warm halten.

3 Die Knoblauchzehe und die Schalotte abziehen und fein wiegen. Basilikumblättchen waschen, trocken tupfen und fein wiegen. Das Olivenöl in einer beschichteten Pfanne erhitzen, Knoblauch, Zwiebel sowie Basilikum darin andünsten und das Tomatenmark sowie die TK-Gemüsemischung hinzugeben. Zugedeckt bei milder Hitze knackig dünsten. Mit Balsamicoessig, Zucker, Pfeffer und Salz würzen.

4 Die Kartoffelrösti mit dem Gemüse servieren.

SERVIERTIPP

Zu diesem Gericht passt ein Dip aus saurer Sahne und frischen Kräutern.

Kartoffelküchlein

die schmecken auch kalt

Zubereitungszeit: 40 Minuten

Eine Portion enthält:

330 kcal (1381 kJ)	42 g Kohlenhydrate
11 g Eiweiß	43 mg Kalzium
13 g Fett	42 mg Harnsäure

Zutaten für 2 Portionen

- 400 g festkochende Kartoffeln
- 100 g Karotten
- 1 kleine Zwiebel
- 1 Ei
- Pfeffer, geriebene Muskatnuss, Salz
- 2 EL Kartoffelmehl (Kartoffelstärke)
- 2 EL Schnittlauchröllchen oder gewiegte Petersilie
- 2–3 EL Sonnenblumenöl

Zubereitung

1 Die Kartoffeln und die Karotten waschen, schälen und grob in eine mit einem Küchentuch ausgelegte Schüssel raspeln. Das Tuch an den Enden zusammennehmen und das Gemüse gut ausdrücken. Den Saft wegschütten und die Kartoffel-Karotten-Mischung wieder in die Schüssel geben. Die Zwiebel abziehen, fein würfeln und hinzugeben.

2 Das Ei dazuschlagen und alles miteinander verrühren. Mit Pfeffer, Muskat und Salz würzen.

3 Das Kartoffelmehl unterrühren und die Kräuter untermischen. Den Teig mit nassen Händen zu Küchlein formen.

4 In einer beschichteten Pfanne das Öl erhitzen und die Kartoffelküchlein bei mittlerer Hitze darin von beiden Seiten etwa 5 Minuten knusprig braten.

SERVIERTIPP

Dazu passen Kräuterquark und frischer Salat.

RAN ANS KORN – GETREIDEPRODUKTE

Getreide nimmt einen sehr wichtigen Stellenwert in unserer Ernährung ein, nicht ohne Grund spricht man vom „täglichen Brot“ und von „Schrot und Korn“, wenn es um vollwertige Ernährung geht. Ob Weizen, Roggen, Gerste, Hafer, Hirse, Dinkel, Mais oder Reis – Getreide ist die Basis der Welternährung.

Im Rahmen der vegetarischen Kost erfüllen Getreideprodukte weit mehr Aufgaben als nur Sättigung. Sie liefern hochwertiges pflanzliches Eiweiß, Vitamine der B-Gruppe, Mineralstoffe, komplexe Kohlenhydrate und Ballaststoffe. Außerdem lassen sie sich ausgesprochen vielseitig zubereiten und begleiten uns den ganzen Tag – vom Frühstück bis zum späten Snack am Abend. Nutzen Sie unbedingt den guten Sättigungswert von Getreideprodukten, vor allem wenn Übergewicht vorliegt, und wählen Sie öfter Vollkornerzeugnisse wie beispielsweise Vollkornbrot, Vollkornnudeln und Naturreis.

Für Rheumatiker und Gichtkranke stellen Getreideprodukte grundsätzlich kein Problem dar, sie können unbesorgt Brot, Reis und Müsli essen – es kommt nur darauf an, wie die anderen Zutaten zu Buche schlagen.

Rheumakranke sollten Getreideprodukte bevorzugt mit Milchprodukten kombinieren, auch für Gichtpatienten ist diese Zusammenstellung sinnvoll. Eine kleine Auswahl an geeigneten Rezepten finden Sie auf den folgenden Seiten.

Fitness-Müsli

ein guter Start in den Tag

Zubereitungszeit: 10 Minuten

Eine Portion enthält:

302 kcal (1264 kJ)	53 g Kohlenhydrate
9 g Eiweiß	194 mg Kalzium
5 g Fett	65 mg Harnsäure

Zutaten für 4 Portionen

160–200 g Müslimischung (Fertigprodukt, Cerealien mit Haferflocken, ungezuckert)

500 g gemischte Früchte der Saison (Apfel, Birne, Beeren, Pfirsich, Banane, Weintrauben)

100 ml Orangen- oder Apfelsaft oder ein anderes Fruchtgetränk

2 EL flüssiger Honig

500 g Naturjoghurt (1,5 % Fett)

nach Belieben geröstete Mandelblättchen zum Bestreuen

Zubereitung

1 Die Müslimischung in eine Schüssel geben. Die Früchte waschen, je nach Sorte schälen, vorbereiten und klein schneiden.

2 Den Saft mit Honig und Joghurt verrühren. Die Früchte unter das Müsli mischen, die Joghurtmischung darunterheben und das Ganze auf zwei Schälchen verteilen. Nach Belieben mit Mandelblättchen bestreuen. Dazu Milch servieren.

TIPP

Sie können sich Ihre Müslimischung auch selbst zusammenstellen: Kernige Haferflocken, gehackte Nüsse, Rosinen oder andere Trockenfrüchte gut miteinander mischen und in ein Glas mit Schraubverschluss geben. Nach Gebrauch stets gut verschließen und nur so viel herstellen, wie Sie in zwei Wochen verbrauchen. Haferflocken sind gute Quellen für die Vitamine B_1 und B_2 sowie für Kalzium, Eisen, Mangan, Kupfer und Zink. Hafer übertrifft mit seinem Gehalt an hochwertigen Fettsäuren den aller anderen Getreidesorten. Auch Nüsse liefern wertvolle Fettsäuren. Ein solches Müsli ist der beste Start in den Tag, besonders für Kopfarbeiter.

Haferflocken-Müsli mit Bananenjoghurt

kann noch mit Früchten der Saison ergänzt werden

Zubereitungszeit: 10 Minuten

Eine Portion enthält:

307 kcal (1228 kJ)	50 g Kohlenhydrate
9 g Eiweiß	173 mg Kalzium
7 g Fett	58 mg Harnsäure

Zutaten für 2 Portionen

- 6 EL kernige Haferflocken (ca. 60 g)
- 1 Banane
- 1 EL Honig
- 1 TL Vanillezucker
- 200 g Naturjoghurt (1,5 % Fett)
- 50 ml Orangensaft
- 1 kleiner Apfel
- 2 TL gehackte Haselnüsse

Zubereitung

1 Die Haferflocken auf zwei Schälchen verteilen.

2 Die Banane schälen, mit einer Gabel zerdrücken und Honig sowie Vanillezucker daruntermischen. Den Joghurt mit Orangensaft glatt rühren und unter das Bananenmus rühren.

3 Den Apfel waschen, vierteln, das Kerngehäuse entfernen und das Fruchtfleisch klein schneiden.

4 Den Bananenjoghurt und die Apfelstückchen zu den Haferflocken geben und alles locker mischen. Mit gehackten Haselnüssen bestreuen.

TIPP

Statt Bananenjoghurt können Sie auch Erdbeerjoghurt oder Aprikosenjoghurt zubereiten. Geben Sie noch Früchte in Stückchen oder Beeren hinzu.

Pikantes Karotten-Müsli

so beginnt der Tag herzhaft

Zubereitungszeit: 10 Minuten

Eine Portion enthält:

248 kcal (1038 kJ)	31 g Kohlenhydrate
13 g Eiweiß	164 mg Kalzium
10 g Fett	49 mg Harnsäure

Zutaten für 2 Portionen

- 100 g Karotten
- 1 kleiner Apfel
- 150 g Naturjoghurt (1,5 % Fett) oder fettarmer Kefir
- 1 EL gewiegte Petersilie
- Pfeffer
- 2 EL gehackte Nüsse
- 3 EL Weizenflocken
- 3 EL kernige Haferflocken

TIPP

Ein Müsli können Sie auch aus gegarten Körnern zubereiten. Sehr gut eignet sich Zartweizen. Mit Zartweizen lassen sich viele Rezepte zubereiten, die auch mit Reis gelingen. Kochen Sie einfach etwas mehr, stellen Sie pro Portion 30 g für das Müsli in den Kühlschrank und bereiten Sie am nächsten Morgen daraus ein Müsli zu.

Zubereitung

1 Die Karotten und den Apfel waschen. Karotten schälen und grob raspeln. Den Apfel ungeschält raspeln. Beides in einer Schüssel mischen.

2 Joghurt oder Kefir sowie die Petersilie untermengen und das Ganze mit Pfeffer würzen.

3 Die Nüsse und die Getreideflocken untermengen und das Müsli auf zwei Schälchen verteilen.

Gefüllte Paprikaschoten mit Reis und Spinat

schmeckt auch Kindern

Zubereitungszeit: 25 Minuten
Garzeit: 20 Minuten

Eine Portion enthält:

357 kcal (1492 kJ)	61 g Kohlenhydrate
11 g Eiweiß	185 mg Kalzium
7 g Fett	102 mg Harnsäure

Zutaten für 2 Portionen

- 125 g Langkornreis (Rohgewicht)
- ½ Paket Rahmspinat (TK-Ware, 250 g)
- 1 TL Sonnenblumenmargarine
- 1 Schalotte
- weißer Pfeffer, geriebene Muskatnuss, Salz
- 2 rote Paprikaschoten (300 g)
- Olivenöl für die Form

SERVIERTIPP

Dazu schmeckt Béchamelsauce. Sie wird mit Milch zubereitet und liefert zusätzlich noch Kalzium. Wer mag, kann den Spinat mit etwas Knoblauch würzen.

Zubereitung

1 Den Reis nach Packungsanweisung bissfest kochen.

2 Inzwischen den tiefgefrorenen Spinat zusammen mit der Margarine in einen Topf geben, 1 bis 2 EL Wasser hinzugeben und das Ganze zugedeckt bei schwacher Hitze andünsten. Zwischendurch umrühren.

3 Die Schalotte abziehen, fein wiegen und hinzufügen. Das Gemüse etwa 10 Minuten weiter dünsten, bis der Spinat aufgetaut und heiß ist. Mit Pfeffer, Muskatnuss und Salz würzen. Den Reis unter den Spinat mischen.

4 Die Paprikaschoten waschen, trocken tupfen, die Deckel abschneiden und die Samen sowie die Innenhäute entfernen.

5 Eine kleine Auflaufform mit Olivenöl ausstreichen und den Backofen auf 200 °C vorheizen.

6 Die Reismischung in die Paprikaschoten füllen, die Deckel daraufsetzen und die Paprikaschoten in die Form stellen. Auf mittlerer Einschubleiste etwa 20 Minuten backen.

Bunter Zartweizensalat

Zartweizen liegt voll im Trend

Zubereitungszeit: 30 Minuten
Zeit zum Durchziehen: 10 Minuten

Eine Portion enthält:

430 kcal (1797 kJ)	45 g Kohlenhydrate
20 g Eiweiß	436 mg Kalzium
18 g Fett	46 mg Harnsäure

Zutaten für 2 Portionen

100 g Zartweizen
150 ml Gemüsebrühe (aus Würfel oder Instantpulver)
1 rote Paprikaschote
100 g Kirschtomaten
1 kleine Gartengurke
75 g halbfester Schnittkäse (40 oder 45 % F. i. Tr., z. B. Edamer, Leerdammer, Gouda)

Für das Dressing

150 g Naturjoghurt (1,5 % Fett)
1 EL Salatmayonnaise (50 % Pflanzenöl)
1 EL Tomatenketchup
1 EL heller Balsamicoessig
Pfeffer aus der Mühle, Zucker, Salz

Zubereitung

1 Den Zartweizen nach Packungsanweisung, aber in der Gemüsebrühe zubereiten, dann abkühlen lassen.

2 Das Gemüse waschen und trocken tupfen. Die Paprikaschote halbieren, Strunk, Samen sowie weiße Innenhäute entfernen und das Fruchtfleisch in Würfel schneiden. Die Tomaten vierteln. Die Gurke schälen und in Scheiben schneiden. Den Schnittkäse in Streifen schneiden.

3 Für das Dressing die Zutaten verrühren und das Ganze pikant abschmecken. Das Salatgemüse unter den Zartweizen mengen, das Dressing unterheben und den Salat 10 Minuten durchziehen lassen. Nochmals abschmecken, dann servieren.

Gemüsecurry mit Basmatireis

mit Tiefkühlgemüse schnell auf dem Tisch

Zubereitungszeit: 20 Minuten

Eine Portion enthält:

567 kcal (2372 kJ)	76 g Kohlenhydrate
16 g Eiweiß	194 mg Kalzium
21 g Fett	89 mg Harnsäure

Zutaten für 2 Portionen

250 g Blumenkohl-Rahmgemüse (TK-Ware)
1 EL indisches Currypulver
100 g Zucchini
100 g Aubergine
250 g Basmatireis (Rohgewicht)
350 g Gartengemüse (TK-Ware, ohne Erbsen)
1 EL Crème fraîche
1 kleine Zwiebel
1 EL Sonnenblumenmargarine
weißer Pfeffer, Salz
1 EL gemischte Kräuter (TK-Ware)
1 EL gehobelte Mandeln nach Belieben

Zubereitung

1 Das Blumenkohlgemüse in einer großen Pfanne erwärmen. Curry darüberstreuen. Zucchini und Aubergine waschen, trocken tupfen und in kleine Würfel schneiden. Zum Rahmgemüse geben.

2 Den Reis nach Packungsangabe körnig kochen. Inzwischen in einem zweiten Topf etwas Wasser aufkochen und das Gartengemüse 3 Minuten darin blanchieren. Die Zwiebel abziehen, fein wiegen und in der Margarine glasig dünsten.

3 Das Gartengemüse abgießen und zur Blumenkohlmischung geben und das Gemüse kurz durchköcheln. Die Crème fraîche einrühren.

4 Den Reis zu den Zwiebeln geben, die Kräuter untermischen und das Ganze mit Pfeffer sowie Salz würzen. Nach Belieben die Mandelblättchen anrösten.

5 Den Reis mit Gemüse auf Tellern anrichten und mit Mandelblättchen bestreuen.

Tee-Reis mit Wok-Gemüse

fernöstliches Flair mit Tee

Zubereitungszeit: 35 Minuten

Eine Portion enthält:

453 kcal (1895 kJ)	73 g Kohlenhydrate
12 g Eiweiß	143 mg Kalzium
12 g Fett	74 mg Harnsäure

Zutaten für 2 Portionen

2 Teebeutel grüner Tee
Salz
125 g Duftreis (Rohgewicht)
200 g grüne Bohnen
200 g Karotten
1 kleine Zucchini
1 EL Pflanzenöl
30 g Cashewkerne
2 EL Zitronensaft
1 EL brauner Zucker
1 EL Sojasauce
1 EL gehackte Korianderblättchen

Zubereitung

1 Die Teebeutel mit 400 ml heißem Wasser aufgießen, 3 Minuten ziehen lassen und dann die Teebeutel entfernen. 350 ml Tee mit etwas Salz aufkochen, Reis zufügen und etwa 15 Minuten ausquellen lassen.

2 Die Bohnen waschen und putzen. Karotten schälen, mit der Zucchini waschen, Zucchini putzen. Möhren in Stifte und Zucchini in Scheiben schneiden. Bohnen in Salzwasser blanchieren.

3 Das Öl in einem Wok oder einer großen Pfanne erhitzen, die Cashewkerne dazugeben, kurz bräunen und herausnehmen. Gemüse in den Wok geben und 3 bis 4 Minuten anbraten. Restlichen Tee, Zitronensaft, Zucker, Sojasauce und Cashewkerne zufügen, etwa 1 Minute mit erhitzen und mit Salz abschmecken. Korianderblättchen untermischen und mit Reis servieren.

Gefüllte Paprika mit Weizen-Käse-Mischung

würzig durch Pfeffer und Chili

Zubereitungszeit: 20 Minuten
Backzeit: 25 Minuten

Eine Portion enthält:

345 kcal (1446 kJ)	29 g Kohlenhydrate
13 g Eiweiß	275 mg Kalzium
20 g Fett	58 mg Harnsäure

Zutaten für 2 Portionen

1 große rote Paprikaschote
1 kleine grüne Paprikaschote
40 g Zartweizen
3 Scheiben Leerdammer mit schwarzem Pfeffer und Chili (ca. 65 g)
1 Schalotte
2 EL Sonnenblumenöl und Öl für die Form
70 g Maiskörner aus der Dose (abgetropft)
Pfeffer aus der Mühle, Salz

Zubereitung

1 Die rote Paprikaschote waschen, trocken tupfen, längs halbieren und Strunk, Samen sowie die weißen Innenhäute entfernen. Die grüne Paprikaschote waschen, abtrocknen, putzen und sehr fein würfeln.

2 Den Zartweizen nach Packungsvorschrift bissfest garen, im Sieb abtropfen lassen. Eine Scheibe Käse in sehr feine Streifen schneiden. Die Schalotte abziehen und fein würfeln.

3 In einer beschichteten Pfanne 1 EL Öl erhitzen und die Schalotten- und Paprikawürfel darin gut andünsten. Zartweizen zusammen mit dem Mais hinzugeben. Die Käsestreifen untermischen und das Ganze mit Pfeffer sowie Salz würzen. Den Backofen auf 180 °C vorheizen und eine Gratinform mit Öl ausstreichen.

4 Die Weizen-Käse-Mischung in die Paprikahälften füllen, diese in die Auflaufform setzen und mit dem restlichen Käse belegen. Auf der mittleren Einschubleiste etwa 25 Minuten überbacken.

SERVIERTIPP

Dazu schmeckt Blattsalat mit einem Joghurtdressing und frischen Kräutern.

Spinat-Risotto mit Parmesan

Risotto braucht Geduld

Zubereitungszeit: 35 Minuten

Eine Portion enthält:

446 kcal (1866 kJ)	61 g Kohlenhydrate
22 g Eiweiß	651 mg Kalzium
12 g Fett	99 mg Harnsäure

Zutaten für 2 Portionen

- 1 TL Olivenöl
- ca. 20 g Zwiebeln (weiß und rot, frisch oder TK-Mischung)
- 150 g Risotto-Reis (Arborio oder Vialone, Rohgewicht)
- 50 g Blattspinat (TK-Ware)
- 500–600 ml Gemüsebrühe (aus Würfel oder Instantpulver)
- Pfeffer, Salz
- 80 g geriebener Parmesan

Zubereitung

1 Das Öl in einem Topf erhitzen. Die Zwiebeln abziehen und sehr fein würfeln (die TK-Mischung direkt aus der Packung verwenden). Im Öl kurz andünsten, den Risotto-Reis ungewaschen dazugeben und das Ganze anschwitzen.

2 Den Spinat unaufgetaut hinzufügen und mitdünsten. Unter ständigem Rühren nach und nach die Gemüsebrühe hinzugießen. Die Flüssigkeit immer wieder verkochen lassen, das Risotto dabei ständig rühren, damit der Reis nicht anbrennt. Immer wieder Brühe nachgießen. Die Kochzeit beträgt 18 bis 20 Minuten.

3 Wenn das Risotto bissfest ist, den Topf vom Herd nehmen und etwa zwei Drittel des Parmesans untermengen. Mit Pfeffer und etwas Salz abschmecken. Das Risotto anrichten und mit dem restlichen Parmesan bestreuen.

SERVIERTIPP

Dazu passt ein leichter Blattsalat.

Tomaten-Ananas-Reis „Hawaii“

exotisches Reisgericht mit Früchten

Zubereitungszeit: 35 Minuten

Eine Portion enthält:

396 kcal (1657 kJ)	64 g Kohlenhydrate
12 g Eiweiß	253 mg Kalzium
9 g Fett	83 mg Harnsäure

Zutaten für 2 Portionen

- 200 g Tomaten
- 2 Ananasscheiben aus der Dose
- 1 Mango
- 1 Schalotte
- 125 g Langkornreis (Rohgewicht)
- 1 EL Sesam- oder Sonnenblumenöl
- 50 ml Orangensaft
- Pfeffer, Ingwerpulver, Chilipulver, wenig Salz
- 30 g geriebener Parmesan

Zubereitung

1 Wasser in einem Topf zum Kochen bringen. Die Tomaten oben kreuzweise einritzen, auf eine Schaumkelle geben und einige Sekunden in das kochende Wasser halten, anschließend in eiskaltem Wasser abschrecken. Dann die Haut abziehen, die Tomaten halbieren, den Strunk herausschneiden, die Tomaten entkernen und das Fruchtfleisch würfeln.

2 Die Ananasscheiben halbieren. Von der Mango die ledrige Haut mit einem spitzen Messer abziehen, das Fruchtfleisch von Kern schneiden und klein schneiden. Die Schalotte abziehen und fein würfeln.

3 Den Reis nach Packungsanweisung körnig kochen und ausquellen lassen. Inzwischen das Öl in einer beschichteten Pfanne erhitzen und die Schalotte sowie die halben Ananasringe darin andünsten.

4 Die Tomatenstücke hinzufügen und bei milder Hitze kurz dünsten. Mango und Orangensaft dazugeben und das Ganze bei schwacher Hitze etwa 5 Minuten köcheln. Mit Pfeffer, Ingwer, Chilipulver und etwas Salz würzen.

5 Den Parmesan unter den Reis mischen. Das Fruchtgemüse mit dem Reis servieren.

SERVIERTIPP

Dazu passt Blattsalat mit süßsaurem Joghurtdressing.

Cannelloni mit Grünkern-Füllung und Käsesauce

schmecken der ganzen Familie

Zubereitungszeit: 40 Minuten
Backzeit: 10 Minuten

Eine Portion enthält:

673 kcal (2818 kJ)	83 g Kohlenhydrate
25 g Eiweiß	318 mg Kalzium
26 g Fett	134 mg Harnsäure

Zutaten für 4 Portionen

Für die Füllung

200 g Grünkern
500 ml Gemüsebrühe (aus Würfel oder Instantpulver)
100 g Karotten
1 Stückchen Sellerieknolle
1 Stückchen Lauch
1 Zwiebel
½ Bund glatte Petersilie
Pfeffer, Knoblauchgranulat nach Belieben, Salz

Für die Sauce

200 g Gorgonzola
150 g Schlagsahne

Außerdem

20 Cannelloni (250 g, ohne Vorgaren)
Öl für die Form

Zubereitung

1 Für die Füllung den Grünkern kalt abbrausen, in die Gemüsebrühe geben, aufkochen und etwa 20 Minuten bei schwacher Hitze garen. Inzwischen das Gemüse waschen, putzen, Karotten und Sellerie schälen, sehr fein würfeln, den Lauch zunächst in feine Ringe schneiden, dann wiegen. Die Zwiebel abziehen, ebenfalls fein wiegen. Die Petersilie waschen, trocken schütteln und fein wiegen.

2 Das Gemüse zum Grünkern geben und das Ganze weitere 10 Minuten köcheln lassen. Mit einer Schaumkelle herausnehmen (Brühe wird noch gebraucht!) und in eine Schüssel geben. Mit Pfeffer, Knoblauch sowie Salz würzen.

3 Die Grünkernmasse in die Cannelloni füllen und eine Form mit Öl ausstreichen. Den Backofen auf 180 °C vorheizen. Die Cannelloni in die Form legen, eine Schöpfkelle von der Brühe darüberverteilen.

4 Die Cannelloni auf mittlerer Einschubleiste etwa 15 Minuten garen. Inzwischen den Gorgonzola mit einer Gabel zerdrücken, zusammen mit der Sahne in einem Töpfchen erwärmen und schmelzen. Etwas von der Gemüsebrühe unterrühren, bis die Sauce sämig wird.

5 Die Cannelloni aus dem Ofen nehmen, die Sauce darübergießen und weitere 10 Minuten backen.

Gemüseauflauf mit Maisgrieß

die ideale Mischung: Gemüse, Getreide und Käse

Zubereitungszeit: 25 Minuten
Backzeit: 15–20 Minuten

Eine Portion enthält:

365 kcal (1531 kJ)	26 g Kohlenhydrate
26 g Eiweiß	480 mg Kalzium
17 g Fett	40 mg Harnsäure

Zutaten für 2 Portionen

- 1 kleine Zucchini
- 1 Karotte
- 1 rote Paprikaschote
- 50 g Maisgrieß (Polenta)
- 150 ml Gemüsebrühe
- 1 TL Olivenöl
- frische Thymianblättchen
- Pfeffer aus der Mühle, Salz
- 100 g halbfester Schnittkäse (45 % F. i. Tr., Edamer, Leerdammer, Butterkäse)
- 2 kleine Eier
- Öl für die Form

SERVIERTIPP

Dazu passt eine leichte Joghurtsauce mit Kräutern.

Zubereitung

1 Das Gemüse waschen, trocken tupfen und putzen. Die Zucchini der Länge nach halbieren und die Hälften quer in Scheiben schneiden. Die Karotte schälen und in dünne Scheiben schneiden. Die Paprikaschote halbieren, Samen und Innenhäute entfernen und das Fruchtfleisch klein schneiden.

2 Den Maisgrieß nach Packungsvorschrift, aber in Gemüsebrühe zubereiten. Dann abkühlen lassen. Inzwischen das Öl in einer beschichteten Pfanne erhitzen, das Gemüse hinzugeben und kurz andünsten. Mit Thymian, Pfeffer und Salz würzen.

3 Den Käse grob raspeln. Die Eier unter den Maisgrieß rühren, den Käse unterrühren und die Masse mit Pfeffer und Salz würzen. Den Backofen auf 200 °C vorheizen und eine Auflaufform mit Öl ausstreichen.

4 Das Gemüse in der Form verteilen, darauf esslöffelweise die Maisgrießmasse setzen und das Ganze auf mittlerer Einschubleiste 15 bis 20 Minuten überbacken.

Pfannkuchen mit Honig-Bananen

es darf auch mal was Süßes sein

Zubereitungszeit: 30 Minuten

Eine Portion enthält:

605 kcal (2531 kJ)	89 g Kohlenhydrate
12 g Eiweiß	137 mg Kalzium
22 g Fett	44 mg Harnsäure

Zutaten für 4 Portionen

- 150 g Weizenvollkornmehl
- 40 g Zucker
- ½ Päckchen Vanillezucker
- 1 Prise Salz
- 2 Eier
- 250 ml Milch
- 1 TL Zitronensaft
- 1–2 Tropfen Bittermandelaroma
- 1 TL Öl pro Pfannkuchen
- 4 kleine Bananen
- 2 EL Butter
- 4 EL Manuka-Honig (Reformhaus)
- gemahlener Zimt, gemahlener Ingwer
- 2 Kiwis
- 50 g Kokosflocken

Zubereitung

1 Vollkornmehl, Zucker, Vanillezucker und Salz in eine Schüssel geben und gut mischen, Eier und Milch zugeben und zu einem glatten Teig verrühren. Den Teig gut quellen lassen, erst dann Zitronensaft und Bittermandelaroma zugeben.

2 Etwas Öl in einer Pfanne erhitzen und aus dem Pfannkuchenteig nacheinander vier Pfannkuchen ausbacken. Im Backofen bei 50 °C warmhalten.

3 Die Bananen schälen und längs halbieren. Die Kiwis schälen, in Scheiben schneiden und diese nochmals halbieren. Die Bananenhälften in einer zweiten Pfanne in 2 EL Butter von beiden Seiten anbraten, mit Manuka-Honig beträufeln und mit gemahlenem Zimt und gemahlenem Ingwer würzen.

4 Die Pfannkuchen mit je zwei Bananenhälften und einigen Kiwischeiben füllen, mit der Honigsauce beträufeln und mit Kokosflocken bestreuen.

TIPP

Wählen Sie als Vorspeise eine Gemüsecremesuppe mit etwas Milch, Sahne oder Sauerrahm – aber ohne Stärke. So steuern Sie noch Kalzium bei.

HÜLSENFRÜCHTE UND EIER – WERTVOLLE EIWEISSLIEFERANTEN

Hülsenfrüchte sind noch vor Getreide unsere wertvollsten pflanzlichen Eiweißlieferanten, wenngleich sie in deutlich geringeren Mengen verzehrt werden und in ihrem Stellenwert mit „unserem täglichen Brot“ nicht vergleichbar sind. Auch sie sind gute Kohlenhydratquellen mit hohem Sättigungswert. Vergessen wir nicht ihren Gehalt an essenziellen Mineralstoffen.

Bei Hülsenfrüchten geht es um getrocknete Erbsen, Bohnen (Bohnenkerne), Linsen und Produkte aus Sojabohnen wie Tofu oder Sojasauce. Außerdem zählen Erdnüsse zu den Hülsenfrüchten.

Für Rheumatiker stellen Hülsenfrüchte kein Ernährungsproblem dar. Aber für Gichtkranke müssen sie – obwohl diese Nahrungsmittel an sich recht gesund sind – aufgrund ihres Harnsäuregehaltes in Schranken gehalten werden. Ein kompletter Verzicht ist nicht nötig, wohl aber die Beachtung der Dosis.

Eier sind für beide Krankheitsbilder grundsätzlich erlaubt und ein unverzichtbarer Bestandteil in der moderaten vegetarischen Kost. Doch sollte beim Konsum von Eiern der Kalorien- und Cholesteringehalt beachtet werden.

Die gute biologische Wertigkeit der Pflanzenproteine sollten Sie unbedingt ausnutzen, auch den Sättigungswert und die große Mineralstoffvielfalt von Hülsenfrüchten. Gichtkranke müssen Hülsenfrüchte deshalb nicht komplett aus der Ernährung ausklammern, sondern dürfen sie in kleinen Mengen kombiniert mit anderem Gemüse zubereiten, allerdings sollten sie sie nicht jeden Tag auf den Speisezettel setzen. Gleiches gilt auch für Eier.

Auf den folgenden Seiten finden Sie eine kleine, aber feine Auswahl an Gerichten. Die Rezepte sollten der Bedeutung von Hülsenfrüchten und Eiern in Ihrer Ernährung den richtigen Platz einräumen. Sie lassen sich am besten für die ganze Familie zubereiten. So schmeckt es allen, und auch der Gichtpatient darf kleine Mengen hin und wieder sorglos genießen.

Sie können aus Hülsenfrüchten selber Sprossen ziehen. Diese haben gesundheitlich gesehen Salatcharakter und gelten auch für Gichtkranke als unproblematisch. Peppen Sie damit Salate sowie Wok-Gerichte auf und verwenden Sie sie als Brotbelag sowie für pikante Dips.

Sprossen selber ziehen

Aus etlichen Samen kann man selber Sprossen ziehen, die viele Gerichte mit Vitaminen und Mineralstoffen bereichern und damit auf ganz leichte Art aufwerten. Keimlinge aus Mungobohnen, Sojabohnen, Erbsen, Linsen und Luzernen (Alfalfa) können Sie selber heranziehen und täglich frisch auf den Tisch bringen. Besonders keimfreudig sind Leguminosen (Hülsenfrüchte), sie entwickeln sich schnell und sind relativ leicht in der Anzucht. Die Sprossen schmecken in Wok-Gerichten, Salaten, auch in Dips und sogar auf dem Sandwich oder in der Füllung von Wraps und Pfannkuchen. Und so wachsen aus trockenen Samen und Körnern knackig frische Sprossen:

- Samen oder Körner gut waschen und abtropfen lassen. In ein Einweckglas geben, nur flach ausbreiten, mit Wasser besprühen und auf die Fensterbank stellen. Mit Gaze abdecken. Auf absolute Sauberkeit achten, um Schimmelbefall zu vermeiden.
- Jeden Tag auf ein Sieb schütten, durchspülen und wieder ins Glas geben. Mit Wasser besprühen und keimen lassen. Wechseln Sie täglich ab zwischen spülen und keimen. Das Keimgut darf nicht austrocknen.
- Wenn sich die ersten Keime zeigen, das Saatgut so lange heranwachsen lassen, bis die Sprossen die gewünschte Länge haben. Stets feucht halten und durchspülen.
- Die fertigen Sprossen haben sich von den konzentrierten Nährstoffen im Samen ernährt und sind davon herangewachsen. Sie selbst haben lediglich Wasser dazugegeben. Die Sprossen werden direkt verwendet, zusammen mit den restlichen Samenkörpern, die noch daran hängen. Das bedeutet: keine Putzarbeit! Die Samen sind gequollen, im Prozess der Keimung aufgeplatzt, um dem Spross den Weg ans Licht freizumachen. Mit zunehmender Größe werden die Keimlinge grün, was auf die Bildung von Chlorophyll zurückzuführen ist. Sie sind schmackhaft und knackig – deshalb haben sie Salatcharakter und sind für Gichtkranke genauso gesund wie für jeden anderen.

Grießrauten

Suppeneinlage für klare Brühe

Zubereitungszeit: 10 Minuten
Zeit zum Quellen: 10 Minuten

Eine Portion enthält:

142 kcal (594 kJ)	12 g Kohlenhydrate
5 g Eiweiß	21 mg Kalzium
8 g Fett	15 mg Harnsäure

Zutaten für 4 Portionen

- 2 Eier
- Pfeffer, geriebene Muskatnuss, Salz
- 2 EL fein gewiegte Petersilie
- 65 g Hartweizengrieß
- 2 EL Sonnenblumenöl

Zubereitung

1 Die Eier in eine Rührschüssel schlagen und mit dem Schneebesen gut verquirlen. Pfeffer, Muskat und Salz sowie die Petersilie unterrühren. Den Grieß sorgfältig unterrühren und das Ganze etwa 10 Minuten quellen lassen.

2 Das Öl in einer beschichteten Pfanne erhitzen und den Pfannkuchenteig hineingeben. Gleichmäßig zu einem Fladen verlaufen lassen und von beiden Seiten anbacken. Sobald sich der Fladen vom Pfannenboden durch Schütteln löst, wenden und fertig backen. Er soll goldgelb aussehen.

3 Die Fladen eignen sich prima als Suppeneinlage. Dafür den Fladen abkühlen lassen, dann halbieren, vierteln, zuerst in breite Streifen und dann kleine Rauten schneiden. Zunächst in Suppentassen verteilen, dann mit heißer Gemüsebrühe auffüllen.

SERVIERTIPP

Dieser Fladen reicht als Suppeneinlage für 4 Portionen. Er schmeckt aber auch als Warmgericht für zwei! Schneiden Sie ihn in Viertel, bestäuben Sie ihn mit Zimtzucker und servieren Sie dazu warmes Apfelmus, Zwetschgenkompott oder Früchtequark (liefert Kalzium).

Erbsensuppe

Rezept gelingt auch mit anderen Hülsenfrüchten wie Bohnen und Linsen

Zubereitungszeit: 40 Minuten
Zeit zum Einweichen: über Nacht

Eine Portion enthält:

238 kcal (996 kJ)	24 g Kohlenhydrate
13 g Eiweiß	91 mg Kalzium
9 g Fett	139 mg Harnsäure

Zutaten für 4 Portionen

- 200 g getrocknete Erbsen
- gut 1 l Wasser zum Einweichen
- 100 g Wurzelgemüse (Karotte, Sellerieknolle, Lauch, Petersilienwurzel)
- 1 kleine Zwiebel
- 1 EL Öl
- Gemüsebrühe (Brühwürfel oder Instantpulver) nach Geschmack
- Pfeffer, Salz
- 4 EL Schmand oder Crème fraîche

SERVIERTIPP

Als Suppeneinlage eignen sich Spätzle oder einfache Suppennudeln. Die Suppe ist dann recht sättigend. Wenn Sie die Suppe im normalen Topf zubereiten, dann beträgt die Garzeit der Hülsenfrüchte etwa 1½ Stunden. Gichtpatienten sollten die tägliche Zufuhr von maximal 500 mg Harnsäure beachten und bei anderen Gerichten purinhaltige Nahrungsmittel einsparen, wenn Hülsenfrüchte auf den Tisch kommen.

Zubereitung

1 Die Erbsen über Nacht in kaltem Wasser einweichen. Am besten in einem Dampfdrucktopf (reduziert die Garzeit erheblich!), in dem die Suppe am nächsten Tag gekocht wird.

2 Das Wurzelgemüse waschen, putzen, je nach Sorte schälen, dann alles grob zerkleinern. Zu den eingeweichten Erbsen in den Dampfdrucktopf geben und das Ganze etwa 20 bis 25 Minuten weich kochen.

3 Das Gemüse im Topf mit einem Passierstab fein pürieren.

4 Die Zwiebel abziehen und fein wiegen. Das Öl in einem Topf erhitzen und die Zwiebel darin glasig dünsten.

5 Die Gemüsesuppe mit einer Schöpfkelle nach und nach dazugeben. Mit Gemüsebrühe oder Brühwürfel sowie mit Pfeffer und Salz würzen. Einmal aufkochen lassen. Auf Teller oder Suppentassen verteilen und jede Portion mit einem Klecks Schmand oder Crème fraîche garnieren.

Bohnen-Tomaten-Salat mit Schafskäse

der schmeckt der ganzen Familie und ist ein Partyrenner

Zubereitungszeit: 20 Minuten

Eine Portion enthält:

314 kcal (1314 kJ)	12 g Kohlenhydrate
13 g Eiweiß	248 mg Kalzium
23 g Fett	45 mg Harnsäure

Zutaten für 4 Portionen

1 kleine Dose Bohnenkerne (255 g Abtropfgewicht)
100 g schwarze Oliven aus dem Glas
4 Tomaten
1 kleine rote Chilischote
einige Blätter vom Lollo bionda
200 g Feta (griechischer Schafskäse, 45 % F. i. Tr.)
1 kleine Knoblauchzehe
Pfeffer, Salz
2 EL weißer Balsamicoessig
4 EL Olivenöl
gewiegte Petersilie

Zubereitung

1 Die Bohnenkerne und die Oliven in einem Sieb abtropfen lassen. Die Tomaten waschen, abtrocknen, Stielansätze herausschneiden und die Früchte in Scheiben schneiden. Die Chilischoten in feine Ringe schneiden, dabei die Trennwände sowie die Samen entfernen.

2 Die Salatblätter waschen, trocken schütteln, putzen und in mundgerechte Stücke pflücken. Diese Zutaten in eine Schüssel geben und locker mischen. Die Salatmischung auf vier Teller verteilen. Den Schafskäse zerbröckeln oder in kleine Würfel schneiden und darüberstreuen.

3 Die Knoblauchzehe abziehen und durch eine Presse in ein Schälchen drücken. Pfeffer, Salz, weißen Balsamicoessig sowie Olivenöl dazugeben und alles gut verrühren. Die Sauce über den Salat träufeln und die Petersilie darüberstreuen.

SERVIERTIPP

Zu diesem Salat reichen Sie am besten Vollkornbaguette mit pikantem Frischkäse.

Linsensalat mit Paprika und Mais

lässt sich gut vorbereiten

Zubereitungszeit: 40 Minuten

Eine Portion enthält:

294 kcal (1230 kJ)	39 g Kohlenhydrate
15 g Eiweiß	69 mg Kalzium
9 g Fett	133 mg Harnsäure

Zutaten für 2 Portionen

- 100 g rote Linsen
- 1 Lorbeerblatt
- 1 Schalotte
- 1 kleine Paprikaschote
- 100 g Maiskörner aus der Dose
- 50 g Endiviensalat
- 1–2 EL Essig
- Pfeffer, Zucker, Salz
- 1–2 EL Sonnenblumenöl
- Petersilie

TIPP

Der Salat passt gut zu Kartoffelgerichten, er schmeckt aber auch solo mit einem Stück Brot.

Zubereitung

1 Die Linsen zusammen mit dem Lorbeerblatt in einen Topf geben und mit Wasser bedeckt 40 bis 60 Minuten (je nach Sorte und Alter) zugedeckt garen.

2 Die Schalotte abziehen, fein würfeln und in eine Schüssel geben. Die Paprikaschote waschen, trocken tupfen, halbieren, Strunk, Samen sowie Innenhäute entfernen und das Fruchtfleisch fein würfeln. Zu den Schalotten in die Schüssel geben.

3 Die Maiskörner abtropfen lassen und hinzufügen. Den Endiviensalat waschen, putzen und in sehr feine Streifen schneiden. In die Schüssel geben.

4 Die Linsen auf ein Sieb schütten, abschrecken, gut abtropfen lassen und das Lorbeerblatt entfernen. Die Linsen zu den anderen Zutaten in die Schüssel geben und alles gut miteinander vermengen.

5 Essig mit Pfeffer, Zucker und Salz verrühren, das Öl untermengen und das Dressing unter den Salat mischen. Die Petersilie waschen, trocken tupfen, die Blättchen fein wiegen und unter den Salat mischen.

Bunter Salat mit Sprossen und Feta

reich an Vitaminen und Mineralstoffen

Zubereitungszeit: 25 Minuten

Eine Portion enthält:

193 kcal (808 kJ)	7 g Kohlenhydrate
10 g Eiweiß	237 mg Kalzium
13 g Fett	29 mg Harnsäure

Zutaten für 2 Portionen

- 100 g Endiviensalat oder anderer Blattsalat
- 50 g Kirschtomaten
- 1 kleine Gartengurke
- 50 g Maiskörner aus der Dose
- 30 g frische Sprossen (aus Sojabohnen, Mungobohnen, Linsen etc.)
- 1 Schalotte
- 1 EL Tomatenketchup
- 1 EL Zitronensaft
- 1 EL Sonnenblumenöl
- Pfeffer, Salz
- 80 g Feta (griechischer Schafskäse, 45 % F. i. Tr.)

Zubereitung

1 Den Endiviensalat putzen, in feine Streifen schneiden und in lauwarmem Wasser waschen, um die Bitterstoffe herauszulösen. Gut abtropfen lassen und in eine Schüssel geben.

2 Die Tomaten waschen, trocken tupfen, vierteln und zum Endiviensalat geben.

3 Die Gurke waschen und ungeschält in Scheiben hobeln. Zur Salatmischung geben.

4 Die Maiskörner abtropfen lassen, hinzufügen und alles locker mischen. Die Sprossen darüberstreuen.

5 Die Schalotte abziehen, fein wiegen und in ein Schälchen geben. Ketchup, Zitronensaft, Pfeffer sowie Salz unterrühren und das Dressing unter den Salat mischen.

6 Den Feta in Würfelchen schneiden und auf den Salat streuen.

SERVIERTIPP

Dazu passen Vollkornbaguette und ein Quarkdip mit Kräutern.

Vegetarisches Chili mit Tofu

schnelles Chili ganz ohne Fleisch – für alle!

Zubereitungszeit: 25 Minuten

Eine Portion enthält:

367 kcal (1536 kJ)	30 g Kohlenhydrate
19 g Eiweiß	120 mg Kalzium
15 g Fett	134 mg Harnsäure

Zutaten für 4 Portionen

- 2 Zwiebeln (150 g)
- 1 Knoblauchzehe
- 4 EL Olivenöl
- 1 kleine grüne Paprikaschote (100 g geputzt)
- 1 kleine rote Paprikaschote (100 g geputzt)
- 1 rote Chilischote
- 2 EL Tomatenmark
- 1 Dose geschälte Tomaten (240 g Abtropfgewicht)
- 1 Dose Kidneybohnen (255 g Abtropfgewicht)
- 1 Dose Bohnenkerne (255 g Abtropfgewicht)
- 1 Dose Maiskörner (285 g Abtropfgewicht)
- 200 g Tofu (Sojakäse, schnittfest)
- Chilipulver, Salz
- frische Korianderblättchen

Zubereitung

1 Die Zwiebeln sowie die Knoblauchzehe abziehen und fein würfeln. Das Olivenöl in einem weiten Topf erhitzen und beides darin scharf anbraten.

2 Die Paprika- und die Chilischoten waschen und putzen. Die Paprika vierteln, Samen und Innenhäute entfernen und das Fruchtfleisch klein schneiden. Die Chilischote längs halbieren, die Samen entfernen und das Fruchtfleisch sehr fein wiegen. Paprika, Chilischote, Tomatenmark sowie die Tomaten zu den anderen Zutaten in den Topf geben.

3 Die Kidneybohnen, die Bohnenkerne und den Mais auf ein Sieb schütten und abtropfen lassen. Das Ganze ebenfalls in den Topf geben und das Gemüse zugedeckt 15 bis 20 Minuten bei milder Hitze garen.

4 Den Tofu fein würfeln, dazugeben und kurz miterhitzen. Mit Salz und Chilipulver abschmecken und mit Korianderblättchen garnieren.

TIPP

Ausgleichend zu diesem Gericht muss ein Gichtkranker im Laufe der Woche Harnsäure anderweitig einsparen. Ideal sind Gerichte mit Gemüse, Salat, Obst, Getreide und Milchprodukten. Die passenden Rezepte finden Sie in diesem Buch.

Wok-Gemüse mit Tofu

viel Gemüse und exotische Gewürze

Zubereitungszeit: 30 Minuten

Eine Portion enthält:

200 kcal (837 kJ)	17 g Kohlenhydrate
19 g Eiweiß	135 mg Kalzium
28 g Fett	90 mg Harnsäure

Zutaten für 2 Portionen

- 50 g Champignons
- 75 g Karotte
- 50 g Lauch
- ½ rote Paprikaschote
- 1 kleine rote Chilischote
- 1 kleine Zwiebel
- einige Blätter Chinakohl oder Spitzkohl
- 50 g Sojabohnensprossen (aus dem Glas)
- 50 g Zuckerschoten (frisch oder TK-Ware)
- 125 g Tofu (Sojakäse, schnittfest)
- 1 kleines Stück Ingwerwurzel
- 2 EL Sesamöl
- Pfeffer, Salz
- 1 EL Sojasauce
- 1 TL Zitronensaft
- Chinagewürz, Zucker
- 75 ml Gemüsebrühe (aus Würfel oder Instantpulver)

Zubereitung

1 Das Gemüse waschen und putzen. Die Pilze vierteln, Karotten in Stifte, Lauch in Ringe, Paprikaschote in Streifen und Chili in dünne Ringe schneiden, dabei die Samen entfernen. Die Zwiebel abziehen und klein schneiden. Den Kohl in Streifen schneiden.

2 Die Sojasprossen abtropfen lassen. Die Zuckerschoten antauen lassen (frische Zuckerschoten waschen und putzen). Den Tofu in Würfel schneiden. Den Ingwer schälen und fein wiegen.

3 Das Sesamöl in einer beschichteten Pfanne oder einer Wok-Pfanne erhitzen und das Gemüse darin bei milder Hitze andünsten. Dabei vorsichtig umrühren.

4 Nach 5 Minuten die Sprossen sowie die Zuckerschoten, den Tofu und den Ingwer hinzugeben und mitdünsten.

5 Mit Pfeffer und Salz würzen. Sojasauce und Zitronensaft unterrühren und das Ganze mit Chinagewürz sowie Zucker abschmecken. Die Gemüsebrühe unterrühren und das Gemüse zugedeckt etwa 5 Minuten schmoren lassen.

SERVIERTIPP

Dazu passt Reis oder eine Wildreismischung mit Kräutern.

Panierte Tofuschnitzel

schnell zubereitet

Zubereitungszeit: 15 Minuten
Zeit zum Marinieren: 15 Minuten

Eine Portion enthält:

325 kcal (1358 kJ)	6 g Kohlenhydrate
21 g Eiweiß	213 mg Kalzium
24 g Fett	78 mg Harnsäure

Zutaten für 2 Portionen

200 g Tofu (Sojakäse, schnittfest)
2 EL Sojasauce
1 EL Zitronensaft
Pfeffer, Salz

Zum Panieren

etwas Mehl
1 kleines Ei
1 EL Sesamsaat
1 –2 EL Semmelbrösel

Außerdem

Öl zum Braten

Zubereitung

1 Den Tofu abtropfen lassen und in 2 Scheiben schneiden. Die Scheiben diagonal halbieren und in eine flache Schale legen.

2 Sojasauce, Zitronensaft, Pfeffer und Salz miteinander verrühren und den Tofu damit rundherum bestreichen. Etwa 15 Minuten durchziehen lassen.

3 Die Tofuscheiben in Mehl wenden. Das Ei in einem tiefen Teller mit einer Gabel verschlagen und die Tofuscheiben darin wenden. Sesam und Semmelbrösel in einem anderen Teller mischen und die Tofuscheiben damit panieren.

4 Öl in einer beschichteten Pfanne erhitzen und die Tofudreiecke von beiden Seiten 2 bis 3 Minuten knusprig ausbacken.

SERVIERTIPP

Dazu passen am besten Salat und ein süßsaures Chutney.

Gemüsepflanzerl mit Tofu

schmeckt auch kalt und eignet sich zum Mitnehmen

Zubereitungszeit: 35 Minuten

Eine Portion enthält:

300 kcal (1255 kJ)	16 g Kohlenhydrate
14 g Eiweiß	118 mg Kalzium
21 g Fett	49 mg Harnsäure

Zutaten für 2 Portionen (4 bis 5 Stück)

½ altbackenes Vollkornbrötchen oder
1 Scheibe trockenes Vollkorntoastbrot
125 g Seiden-Tofu (Sojabohnenkäse)
150 g Gemüse (Karotte, Lauch, Sellerieknolle)
1 Schalotte
1 EL Sonnenblumenöl zum Andünsten
1 kleines Ei
einige Zweige glatte Petersilie
getrockneter Majoran und Thymian
Pfeffer, Salz
Semmelbrösel
Sonnenblumenöl zum Braten

Zubereitung

1 Das Brötchen oder Toastbrot in etwas Wasser einweichen. Inzwischen den Tofu in eine Schüssel geben und mit dem Passierstab fein pürieren.

2 Das Gemüse waschen, putzen, Karotte und Sellerie schälen und sehr fein raspeln. Den Lauch fein wiegen.

3 Die Schalotte abziehen und fein würfeln. Das Öl in einer beschichteten Pfanne erhitzen und die Schalotte darin andünsten. Das Gemüse dazugeben und mitdünsten. Dann das Ganze zur Tofumasse geben.

4 Das Brot gut ausdrücken und ebenfalls hinzufügen. Alles mit den Händen grob vermengen, das Ei dazugeben und untermischen.

5 Die Petersilie waschen, trocken tupfen, fein wiegen und zusammen mit Majoran, Thymian, Pfeffer und Salz untermischen.

6 Je nach Konsistenz Semmelbrösel unterarbeiten, bis die Masse gut formbar ist. Mit nassen Händen Bällchen formen, etwas flach drücken und die Bratlinge in heißem Öl von beiden Seiten knusprig ausbacken.

SERVIERTIPP

Dazu passen Reis und Nudeln mit Sauce. Die Bratlinge kann man auch kalt mit etwas Senf oder Ketchup essen.

Asiatische Gemüsepfanne mit Sprossen

dazu schmeckt Reis oder chinesische Mie-Nudeln

Zubereitungszeit: 40 Minuten

Eine Portion enthält:

205 kcal (858 kJ)	12 g Kohlenhydrate
8 g Eiweiß	140 mg Kalzium
13 g Fett	66 mg Harnsäure

Zutaten für 2 Portionen

- 1 Karotte
- 1 Frühlingzwiebel
- 1 kleines Stück Lauch
- 75 g rote Paprikaschote
- 3–4 innere Blätter Chinakohl
- 75 g Brokkoli
- 2 getrocknete Mu-Err-Pilze
- 50 g Bambusschösslinge (aus der Dose)
- 50 g Sojabohnensprossen (aus dem Glas)
- 1 Schalotte
- 1 kleine Knoblauchzehe nach Belieben
- 2 EL Sonnenblumen- oder Sojaöl
- 2 EL Sojasauce
- etwas Zucker, Pfeffer, Ingwer, Chilipulver und Koriander, Salz
- 75 ml Gemüsebrühe
- 2 EL saure Sahne

TIPP

Dazu passt Reis oder Zartweizen.

Zubereitung

1 Das Gemüse waschen, putzen, je nach Sorte schälen. Die Karotten in Scheiben schneiden, Frühlingszwiebel und Lauch in feine Ringe schneiden, Paprikaschote in schmale Streifen oder kleine Würfel schneiden, Chinakohl quer in Streifen schneiden und Brokkoli in kleine Röschen teilen.

2 Die getrockneten Pilze in warmem Wasser einweichen. Bambusschösslinge in Streifen schneiden. Sojabohnensprossen abtropfen lassen. Die Schalotte sowie den Knoblauch abziehen und fein wiegen. Die Pilze ausdrücken und in Stücke schneiden.

3 Das Öl in einer beschichteten Pfanne erhitzen und das Gemüse nacheinander hineingeben. Mit den festen Sorten anfangen, nach und nach Chinakohl, Pilze und Sprossen hinzufügen. Das Ganze gelegentlich durchmischen und bei milder Hitze etwa 15 Minuten garen.

4 Mit Sojasauce, Zucker, den Gewürzen sowie Salz würzen und die Gemüsebrühe angießen. Kurz aufkochen lassen, dann die saure Sahne unterziehen. Nochmals abschmecken.

Tortilla mit Tomaten

mediterraner Genuss, schnell gemacht

Zubereitungszeit: 25 Minuten

Eine Portion enthält:

271 kcal (1132 kJ)	3 g Kohlenhydrate
14 g Eiweiß	80 mg Kalzium
22 g Fett	13 mg Harnsäure

Zutaten für 2 Personen

- 100 g Kirschtomaten
- ½ Bund Petersilie oder Kerbel
- 4 Eier
- Pfeffer, geriebene Muskatnuss, Salz
- 1 Schalotte
- 2 EL Olivenöl

TIPP

Dazu passt frischer Blattsalat. Die Tortilla schmeckt auch kalt.

Zubereitung

1 Wasser in einem Topf zum Kochen bringen. Die Tomaten oben kreuzweise einritzen, auf eine Schaumkelle geben und etwa 1 Minute in das kochende Wasser halten, eiskalt abschrecken, dann die Haut abziehen. Die Tomaten halbieren.

2 Petersilie oder Kerbel waschen, trocken schütteln, die groben Stiele entfernen und die zarten Zweige mit den Blättchen fein hacken.

3 Die Eier in eine Schüssel schlagen, gut verquirlen und mit Pfeffer, Muskat sowie Salz würzen. Die Kräuter unterrühren.

4 Die Schalotten abziehen und in dünne Ringe schneiden. In einer großen beschichteten Pfanne das Öl erhitzen, die Schalotten etwa 2 Minuten darin andünsten.

5 Die Eier über die Zwiebelmasse geben, darauf die Tomatenhälften mit der Schnittfläche nach oben verteilen und das Ganze zugedeckt bei schwacher Hitze etwa 7 bis 8 Minuten stocken lassen.

6 Die Tortilla mit einem Pfannenwender vom Rand lösen und auf eine vorgewärmte Platte gleiten lassen. In Tortenstücke schneiden.

Bohnengemüse, exotisch

sättigende vollwertige Beilage

Zubereitungszeit: 30 Minuten
Zeit zum Einweichen: über Nacht

Eine Portion enthält:

263 kcal (1111 kJ)	34 g Kohlenhydrate
17 g Eiweiß	120 mg Kalzium
6 g Fett	147 mg Harnsäure

Zutaten für 2 Portionen

- 150 g Bohnenkerne (Trockengewicht)
- 150 g Karotten
- 1 kleine Zwiebel
- 1 EL Sesam- oder Sojaöl
- reichlich glatte Petersilie oder Korianderblättchen
- 1–2 TL Essig
- Pfeffer, Currypulver, Zucker, Salz

TIPP

Zu Omas Zeiten wurde das Gericht mit einer Einbrenne „gestreckt", um viele hungrige Mäuler satt zu machen und möglichst sparsam zu haushalten. Gesünder ist es aber ohne Mehlpampe. Das Gemüse passt zu Kartoffelgerichten. Gichtkranke sollten den Harnsäuregehalt besonders beachten und Hülsenfrüchte nur in kleinen Mengen essen.

Zubereitung

1 Die Bohnen waschen, verlesen und mit kaltem Wasser bedeckt über Nacht einweichen. Am nächsten Tag samt Einweichwasser in einen Dampfdrucktopf geben und etwa 20 Minuten garen.

2 Inzwischen die Karotten waschen, putzen, schälen und in dünne Scheiben schneiden. Die Zwiebel abziehen und fein würfeln.

3 Das Öl in einem Topf erhitzen und die Zwiebel darin glasig dünsten. Die Karotten hinzugeben und bei milder Hitze mitdünsten.

4 Die Kräuter waschen, trocken schütteln und fein wiegen.

5 Die Bohnen auf ein Sieb schütten, abtropfen lassen, den Sud auffangen. Die Bohnen und etwas Sud zu den Karotten geben. Alles gut mischen, die Kräuter und Essig nach Geschmack dazugeben. Mit Pfeffer, Currypulver, Zucker und Salz abschmecken.

FIX FERTIG – KOCHEN MIT BEQUEMEN PRODUKTEN

Ohne Fertig- und Halbfertigprodukte – die in Fachkreisen Convenience-Produkte genannt werden – ist heute eine zeitsparende Nahrungszubereitung kaum möglich. „Convenience" ist englisch und heißt zu Deutsch: Bequemlichkeit, Vorteil. Vom Suppenwürfel über Kartoffelpüreepulver, Kloßteig, Fertignudeln, Sojaprodukte, Pizza bis hin zur Kuchenglasur begegnen uns diese Produkte täglich und überall. Ohne dieses Sortiment wäre unser Lebensmittelangebot nicht denkbar und unsere Ernährung das ganze Jahr über in dieser Vielfalt und Ausgewogenheit, wie sie heute für uns selbstverständlich ist, nicht zu realisieren. Viele Produkte sind sinnvoll in einer Zeit, in der alles schnell gehen muss, in der man Mühe hat, die Familie zusammen an einen Tisch zu bekommen.

Vor allem für kranke Menschen können Convenience-Produkte in vielfacher Hinsicht hilfreich sein: Sie sind leicht und unproblematisch zu verwenden. Sie sind für ältere Menschen, die alleinstehend sind, recht praktisch, weil sich der Kochaufwand für eine einzelne Person deutlich reduzieren lässt. Wer in der Bewegung eingeschränkt ist, kann sich durch solche Produkte den täglichen Einkauf sparen und die Zubereitung leichter machen. Sie können bequem auf TK-Produkte, Fertigteige, auf Produkte in Tüten, Päckchen, Beutel, Tetrapacks und Dosen zurückgreifen. Unverhofftem Besuch kann man mit Fertig- und Halbfertigprodukten schnell etwas Leckeres anbieten. Denken Sie nur an die Herstellung eines Kuchens, eines Puddings, einer Tortenfüllung, eines Blätterteiges, einer Pizza auf die Schnelle oder an Pommes frites, die heute kaum einer mehr selber schnippelt.

Wer mit Convenience-Produkten vernünftig umgeht, braucht Nährstoffmängel nicht zu befürchten – zumal die Vielfalt in diesem Sortiment enorm ist und sich Etliches durch frische Kost vollwertig ergänzen und vitaminreich aufbessern lässt. Deshalb sollten auch bei Convenience-Kost frische Lebensmittel, allen voran Gemüse und Obst, einen festen Platz auf dem täglichen Speisezettel haben.

Pikanter Schnibbelkuchen

einfach und lecker

Zubereitungszeit: 45 Minuten

Eine Portion enthält:

401 kcal (1679 kJ)	44 g Kohlenhydrate
14 g Eiweiß	273 mg Kalzium
19 g Fett	35 mg Harnsäure

Zutaten für 4 Portionen

- 1 Packung fränkischer Kloßteig „halb & halb" (750 g)
- 1 Knoblauchzehe
- 2 kleine Zwiebeln
- ½ Bund Petersilie
- 1 Ei
- Salz, Pfeffer
- 4 EL Pflanzenöl
- 100 g geriebener Käse (z. B. Bergkäse oder Emmentaler)

Zubereitung

1 Den Knoblauch und die Zwiebeln abziehen, Knoblauch zerdrücken, Zwiebeln halbieren und in feine Spalten schneiden. Die Petersilie waschen, trocken tupfen, die zarten Zweige mit den Blättchen fein wiegen.

2 Den Kloßteig mit Zwiebeln, Knoblauch und Ei vermischen und mit Salz und Pfeffer würzen.

3 In einer beschichteten Pfanne 1 EL Öl erhitzen, ein Viertel der Kloßteigmasse in die Pfanne geben und von beiden Seiten goldbraun braten. Aus der restlichen Kloßteigmasse drei weitere Schnibbelkuchen braten. Mit Petersilie und Käse bestreuen und servieren.

SERVIERTIPP

Dazu schmeckt frischer gemischter Salat mit Joghurt-Kräuter-Dressing.

Schwäbische Maultaschensuppe

schnell, sättigend – auch als Zwischenmahlzeit

Zubereitungszeit: 15 Minuten

Eine Portion enthält:

176 kcal (736 kJ)	27 g Kohlenhydrate
7 g Eiweiß	58 mg Kalzium
4 g Fett	85 mg Harnsäure

Zutaten für 2 Portionen

- 1 Karotte
- 1 TL Sonnenblumenöl
- 400 ml Gemüsebrühe (aus Würfel oder Instantpulver)
- 250 g Suppenmaultaschen mit Gemüse (Fertigprodukt aus dem Kühlregal)
- 2 EL Erbsen (TK-Ware) nach Belieben
- fein gewiegte Petersilie oder Schnittlauchröllchen

TIPP

Maultaschen passen als Suppeneinlage in jede klare Suppe. Statt Karotten können Sie auch anderes Gemüse zusätzlich in die Suppe geben. Sehr fein sind Brokkoliröschen, zarter Lauch oder Lauchzwiebeln.

Zubereitung

1 Die Karotten waschen, putzen, schälen und in sehr feine, kurze Streifen (Juliennes) schneiden. Das Öl in einem Topf erhitzen und die Karottenstreifen darin kurz andünsten.

2 Die Gemüsebrühe angießen, das Ganze aufkochen und die Suppenmaultaschen dazugeben.

3 Die Suppe aufkochen, dann bei milder Hitze noch 10 Minuten zugedeckt ziehen lassen.

4 Vor dem Servieren nach Belieben die Erbsen untermischen. Heiß werden lassen. Die Suppe mit Kräutern bestreuen.

Wraps mit Rohkost

mit fertigen Pfannkuchen ein schnelles Essen

Zubereitungszeit: 30 Minuten

Eine Portion enthält:

592 kcal (kJ)	48 g Kohlenhydrate
22 g Eiweiß	404 mg Kalzium
35 g Fett	56 mg Harnsäure

Zutaten für 2 Portionen (4 Wraps)

Für die Wraps

4 fertige Pfannkuchen (à 50 g, aus der Kühltheke)

Für die erste Füllung

100 g Weißkohl
1 Karotte
1 Stückchen rote Paprikaschote
einige Blättchen Rucola
50 g Feta (griechischer Schafskäse, 45 % F. i. Tr.)

Für die zweite Füllung

4 Blatt Endiviensalat
1 Karotte
1 Stückchen rote Paprikaschote
1 Frühlingszwiebel
1 kleine Schalotte
1 EL Sojasprossen (aus dem Glas)

Außerdem

1 EL Zitronensaft
weißer Pfeffer, Salz
1 EL Sonnenblumenöl
1 TL Balsamicoessig

Zubereitung

1 Die Pfannkuchen aus der Packung nehmen und auf ein mit Backpapier ausgelegtes Blech legen. Den Backofen auf 100 °C vorheizen.

2 Für die erste Füllung den Weißkohl auf einer Reibe fein raspeln, die Karotte waschen, putzen, schälen und in lange Streifen schneiden. Die Paprika waschen, putzen und in dünne Streifen schneiden. Den Rucola kalt abbrausen, gut abtropfen lassen. Feta würfeln.

3 Für die zweite Füllung die Salatblätter waschen, abtropfen lassen und in Streifen schneiden, die Karotte schälen und in lange Streifen schneiden. Paprika waschen, putzen und in dünne Streifen schneiden. Die Frühlingszwiebel in Ringe schneiden. Die Sprossen abtropfen lassen und grob zerkleinern. Zitronensaft mit Pfeffer, Salz, Öl und Balsamicoessig mischen.

4 Die Pfannkuchen auf der mittleren Einschubleiste aufbacken. Die fertig gebackenen Pfannkuchen zu Tüten drehen, jeweils in ein Glas setzen. Die Füllungen jeweils leicht mischen und je zwei Pfannkuchen damit befüllen. Zum Schluss mit dem Dressing beträufeln.

Kraut-Schupfnudeln

ein schwäbischer Klassiker,
schmeckt auch aufgewärmt

Zubereitungszeit: 40 Minuten

Eine Portion enthält:

312 kcal (1305 kJ)	49 g Kohlenhydrate
9 g Eiweiß	65 mg Kalzium
8 g Fett	48 mg Harnsäure

Zutaten für 4 Portionen

- 1 Dose oder Beutel Sauerkraut (520 g Abtropfgewicht)
- 1 kleine Zwiebel
- 1 EL Butter
- 1 Lorbeerblatt
- 3 Wacholderbeeren
- etwas Kümmel
- 100 ml Gemüsebrühe (aus Würfel oder Instantpulver)
- Pfeffer, Zucker
- 1 Packung Kartoffelnudeln (Schupfnudeln, 500 g)
- Sonnenblumenöl zum Braten
- frische Petersilie

Zubereitung

1 Das Sauerkraut in eine Schüssel geben, mit einer Gabel etwas auflockern. Die Zwiebel abziehen und fein wiegen. Die Butter in einem Topf erhitzen und die Zwiebel glasig andünsten. Sauerkraut, Lorbeer, Wacholderbeeren sowie Kümmel zugeben und das Ganze unter Zugabe von Gemüsebrühe zugedeckt bei milder Hitze etwa 30 Minuten garen. Zwischendurch umrühren. Mit Pfeffer und Zucker abschmecken.

2 Die Schupfnudeln aus der Packung nehmen. In einer großen Pfanne das Öl erhitzen und die Kartoffelnudeln darin ausbreiten. Von allen Seiten goldbraun anbraten, dabei Pfanne etwas rütteln.

3 Das Sauerkraut auf ein Sieb schütten, Lorbeerblatt und Wacholderbeeren entfernen und das Sauerkraut gut abtropfen lassen. Mit einem Esslöffel leicht ausdrücken.

4 Das Sauerkraut zu den Schupfnudeln in die Pfanne geben, alles gut miteinander vermengen und mit Petersilie bestreuen.

SERVIERTIPP

Zu diesem schwäbischen Gericht passt am besten Blattsalat.

Kartoffelnudeln mit Spargel

schnell gemacht und einfach

Zubereitungszeit: 40 Minuten

Eine Portion enthält:

650 kcal (2720 kJ)	103 g Kohlenhydrate
20 g Eiweiß	177 mg Kalzium
16 g Fett	100 mg Harnsäure

Zutaten für 2 Portionen

- je 250 g weißer und grüner Spargel
- Salz
- 1 Prise Zucker
- 1 TL Butter
- 1 Packung Kartoffelnudeln (Schupfnudeln, 500 g)
- 75 g Schmand (24 % Fett)
- 75 saure Sahne (10 % Fett)
- Pfeffer, Paprikapulver
- 1 Bund Schnittlauch

Zubereitung

1 Den Spargel putzen, weißen Spargel vom Kopf nach unten schälen, beim grünen Spargel nur das untere Drittel schälen. Den Spargel in etwa 5 cm lange Stücke schneiden. Reichlich Wasser mit Salz, Zucker und Butter aufkochen. Den weißen Spargel dazugeben und etwa 5 Minuten garen, dann den grünen Spargel zufügen und beides noch 5 Minuten garen.

2 Die Kartoffelnudeln nach Packungsanweisung zubereiten.

3 Den Schmand mit Sauerrahm verrühren und mit Pfeffer, Paprikapulver sowie Salz würzen. Schnittlauch waschen, in feine Röllchen schneiden und dazugeben.

4 Den Spargel mit einer Schaumkelle aus dem Sud nehmen und abtropfen lassen. Die Kartoffelnudeln mit dem Spargel vermischen und mit der Sauerrahmcreme als Topping servieren.

SERVIERTIPP

Statt Spargel können Sie auch grüne Bohnen mit Schupfnudeln kombinieren.

Käsespätzle

geht schnell, macht satt und schmeckt allen

Zubereitungszeit: 15 Minuten

Eine Portion enthält:

430 kcal (1800 kJ)	35 g Kohlenhydrate
22 g Eiweiß	570 mg Kalzium
23 g Fett	35 mg Harnsäure

Zutaten für 4 Portionen

1 Packung Eierspätzle (Fertigprodukt aus dem Kühlregal, 500 g)
Salz
100 g Zwiebeln
20 g Butter
200 g geraspelter Emmentaler oder Bergkäse
fein gewiegte Petersilie

SERVIERTIPP

Dazu passt ein gemischter Blattsalat der Saison.

Zubereitung

1 Die Eierspätzle in kochendes Salzwasser geben und nur einmal aufkochen lassen. Vom Herd nehmen. Die Zwiebeln abziehen und fein würfeln. Die Butter in einer großen beschichteten Pfanne erhitzen und die Zwiebeln darin goldgelb dünsten.

2 Die Spätzle auf ein Sieb schütten und gut abtropfen lassen. Die Hälfte zu den Zwiebeln in die Pfanne geben und durchschwenken. Die Hälfte des Käses darüberstreuen. Dann den Rest der Spätzle darauf verteilen, darüber den restlichen Käse streuen.

3 Das Ganze auf mittlerer Stufe erhitzen, vorsichtig mischen und andünsten, bis der Käse schmilzt und sich mit den Spätzle verbindet. Nach Belieben mit Petersilie bestreut servieren.

Blätterteigtaschen mit Sauerkrautfüllung

Fingerfood für jeden Anlass

Zubereitungszeit: 1 Stunde

Eine Portion (2 Stück) enthält:

189 kcal (791 kJ)	13 g Kohlenhydrate
5 g Eiweiß	87 mg Kalzium
13 g Fett	14 mg Harnsäure

Zutaten für 15 Stück

- 1 Packung Blätterteigrolle mit Backpapier (275 g, Rechteck 40 x 25 cm)
- 1 Ei
- 1 EL Öl
- 1 Dose Sauerkraut, fertig gewürzt (385 g Abtropfgewicht, 3-Minuten-Sauerkraut)
- 2 EL geriebener Emmentaler (ca. 40 g)
- grobes Salz und Kümmel zum Bestreuen

Zubereitung

1 Die Blätterteigrolle mit dem Backpapier auf einem Arbeitsbrett ausrollen. Mit dem Nudelholz – falls nötig – mit sehr leichtem Druck auf die angegebene Größe ausrollen. Dann die Teigplatte in 3 x 5 Quadrate von 8 cm Kantenlänge ausradeln (die schmale Seite in drei Streifen ausradeln, die Längsseite in fünf Streifen).

2 Das Ei trennen und die Teigränder sorgfältig mit Eiweiß bestreichen. Das Öl in einem Topf erhitzen und das Sauerkraut hinzugeben und das Ganze bei mäßiger Hitze zugedeckt etwa 3 Minuten schmoren. Den Backofen auf 200 °C vorheizen.

3 Das Sauerkraut auf ein Sieb schütten, gut abtropfen lassen, abkühlen lassen, wieder in den Topf geben und den Käse untermischen. In die Mitte jedes Teigquadrates ein Häufchen Sauerkrautmasse geben (das geht am besten mit den Fingern!), die Teigquadrate diagonal zusammenklappen, sodass Dreiecke entstehen, und die Ränder fest andrücken.

4 Die Oberflächen mit verquirltem Eigelb bestreichen und mit Salz sowie Kümmel bestreuen. Das Backpapier mit den Teigtaschen vorsichtig vom Arbeitsbrett auf ein Backblech gleiten lassen und die Teigtaschen auf der zweituntersten Einschubleiste 20 bis 25 Minuten goldgelb backen. Warm oder kalt servieren.

SERVIERTIPP

Entweder man isst die Blätterteigtaschen aus der Hand (Servietten bereitlegen!) oder serviert dazu frischen Blattsalat mit Kirschtomaten. Als Füllung eignet sich auch eine Gemüsemischung mit Paprika, Zucchini und Frischkäse oder eine exotische Kreation aus Karottenraspeln, Frühlingszwiebelringen und Sprossen.

Tostadas

mexikanische Snacks

Zubereitungszeit: 30 Minuten
Zeit zum Quellen: 20 Minuten

Eine Portion enthält:

495 kcal (2071 kJ)	74 g Kohlenhydrate
12 g Eiweiß	69 mg Kalzium
17 g Fett	121 mg Harnsäure

Zutaten für 4 Portionen

Für den Fladenteig

150 g Maismehl
180 g Weizenmehl
250 ml warmes Wasser
1 TL Salz

Für den Belag

100 g Sojakost Fertig-Mix nach Hackfleischart (Reformhaus)
2 EL Olivenöl
1 Avocado
1 Knoblauchzehe
Pfeffer, Salz
1–2 Chilischoten
1 Limette
3 Tomaten
150 g grüne Bohnen
1 Zwiebel
1 EL Honig
frische Korianderblättchen oder glatte Petersilie

Zubereitung

1 Aus Maismehl, Weizenmehl, Wasser und Salz einen glatten Teig herstellen. Den Teig 20 Minuten quellen lassen. Inzwischen die Sojakost nach Packungsangabe zubereiten und 15 Minuten quellen lassen.

2 Die Avocado halbieren, den Kern herauslösen und die Haut abziehen. Das Fruchtfleisch mit einer Gabel zerdrücken, die Knoblauchzehe abziehen und durch eine Presse dazudrücken. Alles mit Pfeffer, Salz und ausgepresstem Limettensaft abschmecken.

3 Salzwasser zum Kochen bringen, die Tomaten oben kreuzweise einritzen, etwa 10 Sekunden ins kochende Wasser geben, dann eiskalt abschrecken, die Haut abziehen, die Tomaten entkernen und das Fruchtfleisch grob würfeln.

4 Die Bohnen in 1 cm lange Stücke schneiden, etwa 5 Minuten in Salzwasser garen, herausnehmen und abschrecken. Mit den Tomatenwürfeln mischen.

5 Die Zwiebel abziehen, fein würfeln, im restlichen Öl anbraten und das Gemüse dazugeben. Die Sojamasse sowie den Honig untermischen und das Ganze kurz köcheln lassen.

6 Anschließend walnussgroße Stücke vom Teig abnehmen und mit dem Nudelholz zu hauchdünnen Fladen ausrollen.

7 Olivenöl in einer beschichteten Pfanne erhitzen und aus den Teigflecken nacheinander Tortillas kurz auf beiden Seiten knusprig braten, herausnehmen und warm stellen.

8 Die Tortillas mit Avocadocreme bestreichen und 1 EL von der Soja-Gemüse-Mischung darauf geben. Mit Kräutern garnieren.

Soja-Cevapcici

Hackfleischersatz für vegetarische Rezepte

Zubereitungszeit: 30 Minuten

Eine Portion enthält:

284 kcal (1188 kJ)	17 g Kohlenhydrate
16 g Eiweiß	188 mg Kalzium
17 g Fett	127 mg Harnsäure

Zutaten für 4 Portionen

Für die Cevapcici

100 g Sojakost Fertig-Mix nach Hackfleischart (Reformhaus)
1 Ei
30 g geriebener Parmesan
Semmelbrösel nach Bedarf

Für das Gemüse

2 Tomaten
2 Zucchini
1 Aubergine
1 rote Paprikaschote
1 gelbe Paprikaschote
2 Zwiebeln
2 Knoblauchzehen
5 EL Olivenöl
Salz, Pfeffer
je 1 Zweig frischer Thymian und Rosmarin

Zubereitung

1 Die Sojakost nach Packungsanweisung einweichen und quellen lassen.

2 Inzwischen das Gemüse waschen und putzen. Wasser in einem Topf zum Kochen bringen. Die Tomaten oben kreuzweise einritzen, im kochenden Wasser etwa 10 Sekunden eintauchen, eiskalt abschrecken, dann häuten. Tomaten, Zucchini, Aubergine und Paprikaschoten in feine Würfel schneiden. Die Zwiebeln und Knoblauchzehen abziehen und fein würfeln.

3 Alles bis auf die Tomaten in 3 EL Öl andünsten, am Schluss die Tomaten zugeben und das Gemüse mit Salz, Pfeffer und Kräutern würzen.

4 Unter das eingeweichte Sojakost-Fertig-Mix das Ei mischen, je nach Konsistenz noch Semmelbrösel untermischen. Aus der Masse kleine längliche oder runde Cevapcici formen, diese im restlichen Olivenöl rundherum goldgelb braten und auf dem Gemüse anrichten.

SERVIERTIPP

Dazu passen Reis und Salat.

GEGEN DEN DURST – DRINKS OHNE ALKOHOL

Trinken ist für jedermann ausgesprochen wichtig, sogar wichtiger als Essen. Bei rheumatischen Erkrankungen und bei Gicht kommt der Flüssigkeitszufuhr eine noch größere Bedeutung zu – einerseits, um Harnsäure aus dem Körper zu schwemmen, andererseits, um Entzündungsmediatoren zu entfernen, schließlich um die Kalziumzufuhr zu optimieren und nicht zuletzt, um den allgemeinen Gesundheitszustand durch die Zufuhr von Mineralien, Vitaminen und sekundären Pflanzenstoffen zu verbessern. Außerdem haben Getränke auch eine magenfüllende und damit eine sättigende Wirkung und können sehr gut beim Abnehmen helfen – sofern sich die Kalorien in Grenzen halten.

Wenn hier vom Trinken die Rede ist, geht es ausschließlich um alkoholfreie Getränke. Zum Einsatz kommen Tee, fettarme Milchprodukte, Früchte und Gemüse, auch Säfte und selbstverständlich Kräuter und Gewürze. Manche Heilpflanzensäfte habe eine nachweisbar positive Wirkung bei rheumatischen Erkrankungen und lassen sich sehr gut mit Tomaten- und Gemüse- sowie Fruchtsaft kombinieren.

Gehen Sie sparsam mit Zucker und Salz um, aber gönnen Sie sich möglichst jeden Tag ein Getränk aus dieser besonderen Rezeptauswahl. Darüber hinaus sind Mineralwasser, Tee, Kaffee und Fruchtschorle erlaubt.

Im Winter kann eine heiße Gemüsebrühe zwischendurch den Magen wärmen. Täglich sollten Sie mindestens zwei Liter trinken – im Sommer deutlich mehr, bei körperlicher Belastung und großem Schweißverlust ist der Flüssigkeitsbedarf ebenfalls erhöht. In diesem Fall bitte auf den Mineralstoffgehalt der Getränke achten, denn mit dem Schweiß gehen viele Mineralsalze verloren. Um den Verlust auszugleichen, sind pikante Gemüsedrinks besonders zu empfehlen. Sogar kleine Mengen dieser Drinks haben durchaus ihre Wirkung. In Gesellschaft machen sich Cocktails und Longdrinks sehr gut. In diesem Kapitel finden Sie auch dafür gesunde Drinks mit pfiffigem Auftritt.

Vitaminchen

für die Immunabwehr, den Gallenfluss
und die Entwässerung

Zubereitungszeit: 5 Minuten

Eine Portion/Glas enthält:

43 kcal (180 kJ)	8 g Kohlenhydrate
2 g Eiweiß	34 mg Kalzium
kaum Fett (unter 1 g)	22 mg Harnsäure

Zutaten für 2 Portionen/Gläser

40 ml Löwenzahnsaft (Reformhaus)
200 ml Gemüsesaft
200 ml Karottensaft, ungesüßt
Pfeffer, Selleriesalz
gewiegte Petersilie für den Glasrand

Zubereitung

1 Den Löwenzahnsaft mit den gekühlten Gemüsesäften verrühren.

2 Mit Pfeffer und Selleriesalz gut würzen.

3 Die Petersilie auf einen kleinen Teller streuen. Zwei Gläser mit dem Rand in Wasser tauchen, dann in die Petersilie drücken, sodass ein schöner Glasrand entsteht.

4 Den Drink einfüllen und nach Belieben die restliche Petersilie daraufstreuen.

TIPP

Löwenzahnsaft enthält Bitterstoffe, die galletreibend und verdauungsfördernd wirken. Er hat eine harntreibende Wirkung, entwässert den Körper und hilft beim Abnehmen. Auch bei Beschwerden des Bewegungsapparates, Arthrose, Rheuma und Gicht wird Löwenzahn erfolgreich eingesetzt. Es gibt ganze Kuren mit Löwenzahntee und Löwenzahnsaft, der aus den Blättern und Wurzeln gewonnen wird.

Eistee-Drink „Sonnenuntergang“

Früchtetee-Mix für die ganze Familie

Zubereitungszeit: 5 Minuten
Zeit zum Durchkühlen: 1 bis 2 Stunden

Eine Portion/Glas enthält:

74 kcal (310 kJ)	18 g Kohlenhydrate
unter 1 g Eiweiß	5 mg Kalzium
0 g Fett	6 mg Harnsäure

Zutaten für 4 Portionen/Gläser (1 Liter)

5 Teebeutel Früchtetee
150 ml Bananennektar
150 ml Maracujanektar
3 EL Manuka-Honig (Reformhaus)
Eiswürfel nach Belieben

TIPP

Manuka-Honig stammt aus Neuseeland und weist einen hohen Gehalt an Methylglyoxal (MGO) auf, das eine starke antibakterielle Wirkung entfaltet. Die Wirkung geht – im Gegensatz zur antibakteriellen Wirkung von normalem Honig – durch Erhitzen nicht verloren. Der Gehalt an MGO ist auf der Packung angegeben. Der Honig ist in gut sortierten Reformhäusern erhältlich.

Zubereitung

1 Die Teebeutel in eine Kanne geben und mit 700 ml kochend heißem Wasser aufgießen. Etwa 8 Minuten ziehen lassen, dann die Teebeutel herausheben, die gequollenen Beutel ausdrücken und den Tee abkühlen lassen.

2 Im Kühlschrank gut durchkühlen oder 1 Stunde in die Tiefkühltruhe stellen.

3 Bananen- und Maracujanektar unter den Tee mischen und den Drink mit Manuka-Honig süßen. Vier Gläser bereitstellen, nach Belieben Eiswürfel hineingeben, den Drink daraufgießen.

Rambazamba ohne Alkohol

ein süffiges Teegetränk zur Erfrischung

Zubereitungszeit: 10 Minuten
Zeit zum Abkühlen: 30 Minuten

Eine Portion/Glas enthält:

53 kcal (222 kJ)	13 g Kohlenhydrate
unter 1 g Eiweiß	7 mg Kalzium
0 g Fett	19 mg Harnsäure

Zutaten für 2 Portionen/Gläser

2 Teebeutel Rotbuschtee (Rooibostee)

140 ml Pfirsichnektar

60 ml Ananassaft

Eiswürfel

Zubereitung

1 Die Teebeutel in eine Kanne geben und mit 200 ml kochendem Wasser aufbrühen. 8 Minuten ziehen lassen, Teebeutel herausheben und ausdrücken. Den Tee abkühlen lassen.

2 Zwei Longdrinkgläser mit Eiswürfeln füllen, bis zur Hälfte mit Tee aufgießen. Pfirsichnektar mit Ananassaft verrühren und darauf verteilen.

TIPP

Für den großen Durst können Sie das Ganze noch mit Bitter Lemon strecken.

Apfel-Pirinha

erfrischender Drink mit Apfeltee

Zubereitungszeit: 15 Minuten
Zeit zum Kühlen: 1 Stunde

Eine Portion/Glas enthält:

111 kcal (463 kJ)	24 g Kohlenhydrate
unter 1 g Eiweiß	18 mg Kalzium
1 g Fett	29 mg Harnsäure

Zutaten für 2 Portionen/Gläser

1 Teebeutel Apfeltee
2 unbehandelte Limetten
1 Stück Ingwerwurzel (ca. 3 cm)
1 kleiner Apfel
3–4 EL brauner Zucker
Crushed Ice

Zubereitung

1 Den Teebeutel in eine Kanne geben und mit 200 ml sprudelnd kochendem Wasser aufgießen, 8 Minuten ziehen lassen, den Teebeutel herausheben, ausdrücken und den Tee abkühlen lassen. Dann etwa 1 Stunde in den Kühlschrank stellen.

2 Die Limetten heiß abwaschen, abtrocknen, eine Limette in Stücke schneiden und die andere auspressen. Den Ingwer schälen und mit dem Kartoffelschäler in hauchdünne Scheiben schneiden. Den Apfel waschen, vierteln, das Kerngehäuse entfernen und zwei Apfelviertel in dünne Scheiben schneiden.

3 Apfelscheiben und Limettenstücke auf zwei Gläser verteilen, Zucker, Ingwer sowie Limettensaft darübergeben und mit Crushed Ice bis zur Hälfte des Glases auffüllen. Mit dem kalten Tee aufgießen und mit Trinkhalmen servieren.

TIPP

Eine feine Variante ist Kirsch-Pirinha. Statt Apfeltee verwenden Sie eine fruchtige Teemischung mit Kirschen. Geben Sie halbierte Kirschen ins Glas sowie Stücke von Orangen.

Relax-Shake

mit Kräutersäften entspannen
und zur Ruhe kommen

Zubereitungszeit: 15 Minuten

Eine Portion/Glas enthält:

119 kcal (498 kJ)	25 g Kohlenhydrate
2 g Eiweiß	54 mg Kalzium
unter 1 g Fett	45 mg Harnsäure

Zutaten für 2 Portionen/Gläser

- 150 g gemischte Waldbeeren (Himbeeren, Brombeeren, Heidelbeeren)
- 250 g Galia-Melone
- 2 cl Johanniskrautsaft (Reformhaus oder Apotheke)
- 2 cl Baldriansaft (Reformhaus oder Apotheke)
- 4 cl Rote-Bete-Saft
- 2 cl Grenadine-Sirup
- Crushed Ice oder Eiswürfel
- 2 Melonenschnitze zum Garnieren

Zubereitung

1 Die Waldbeeren waschen, verlesen, putzen und in eine Schüssel mit hohem Rand oder ein Mixgefäß geben.

2 Aus der Melone die Kerne mit einem Löffel herausschaben, das Fruchtfleisch von der Schale lösen, klein schneiden und zu den Beeren geben. Die Säfte hinzufügen und das Ganze mit dem Passierstab oder im Mixer fein zerkleinern.

3 Die Mischung mit Grenadine-Sirup abschmecken.

4 Zwei Gläser mit etwas Crushed Ice oder ein paar Eiswürfeln füllen, den Drink eingießen und am den Glasrand mit einem Melonenschnitz dekorieren.

TIPP

Baldriansaft wirkt entspannend und beruhigend. Johanniskrautsaft hilft bei Nervosität und bringt das innere Gleichgewicht wieder ins Lot.

African Orange in Red

Rotbuschtee und Honig sind eine gute Basis für Drinks

Zubereitungszeit: 10 Minuten
Zeit zum Kühlen: 1 Stunde

Eine Portion/Glas enthält:

58 kcal (243 kJ)	13 g Kohlenhydrate
unter 1 g Eiweiß	30 mg Kalzium
kaum Fett	21 mg Harnsäure

Zutaten für 2 Portionen/Gläser

- 3 Teebeutel Rotbuschtee (Rooibostee)
- 100 ml Orangensaft
- 100 ml Ananassaft
- 1 TL Manuka-Honig (Reformhaus)
- nach Belieben Grenadine-Sirup zum Abschmecken
- Eiswürfel

Zubereitung

1 Die Teebeutel in eine Kanne geben und mit 300 ml kochendem Wasser überbrühen. Etwa 8 Minuten ziehen lassen, dann die Teebeutel herausheben, ausdrücken und den Tee abkühlen lassen. Im Kühlschrank etwa 1 Stunde kühlen.

2 Orangensaft sowie Ananassaft unter den Tee mischen und das Ganze mit Manuka-Honig süßen. Eventuell mit Grenadine-Sirup abschmecken. Eiswürfel in zwei Gläser geben, den Drink darauffüllen.

SERVIERTIPP

Ein Sahnehäubchen sorgt für zusätzliches Kalzium.

Good Hope

besonders fruchtiger Longdrink ohne Alkohol

Zubereitungszeit: 10 Minuten
Zeit zum Kühlen: ca. 1 Stunde

Eine Portion/Glas enthält:

41 kcal (172 kJ)	9 g Kohlenhydrate
unter 1 g Eiweiß	26 mg Kalzium
kaum Fett	13 mg Harnsäure

Zutaten für 2 Portionen/Gläser

4 Teebeutel Rotbuschtee (Rooibostee)
125 g Früchte (Ananas, Kiwi, Orange, Erdbeere, Karambole etc.)
2 TL Manuka-Honig (Reformhaus)
Eiswürfel

Zubereitung

1 Die Teebeutel in eine Kanne geben und mit 500 ml kochendem Wasser aufbrühen. Den Tee 8 Minuten ziehen lassen, Teebeutel herausheben, ausdrücken und den Tee abkühlen lassen. Im Kühlschrank etwa 1 Stunde kühlen.

2 Inzwischen die Früchte waschen, putzen, je nach Sorte schälen, dann klein schneiden und abwechselnd mit Eiswürfeln in zwei Longdrinkgläser geben. Den Tee mit Honig süßen und auf die Gläser verteilen. Mit Trinkhalm und langem Löffel servieren.

TIPP

Wer den Kalziumgehalt aufbessern möchte, rührt in das Getränk 2 EL Sahnedickmilch oder Sahnejoghurt (50 g, 10 % Fett). Der Drink enthält dann jeweils 30 mg Kalzium mehr, am Harnsäuregehalt ändert sich nichts, der Kaloriengehalt erhöht sich dann auf 71 kcal bzw. 297 kJ.

Caipirinha mit Birkensaft

Birkensaft wird gegen rheumatische Erkrankungen empfohlen

Zubereitungszeit: 10 Minuten

Eine Portion/Glas enthält:

66 kcal (276 kJ)	12 g Kohlenhydrate
unter 1 g Eiweiß	25 mg Kalzium
unter 1 g Fett	0 mg Harnsäure

Zutaten für 2 Portionen/Gläser

1 unbehandelte Limette
2 TL brauner Zucker
Eiswürfel
2 Schnitze einer unbehandelten Orange
3 cl Birkensaft (Reformhaus oder Apotheke)
4 cl Zinnkrautsaft (Reformhaus oder Apotheke)
120 ml Orangensaft
2 cl Limettensirup oder 1 EL Honig
4 Cocktailkirschen

Zubereitung

1 Die Limette halbieren und je eine Hälfte in ein Caipirinha-Glas ausdrücken. Den Zucker unterrühren, einige Eiswürfel sowie je einen Orangenschnitz hinzufügen.

2 Den Birken- und den Zinnkrautsaft mit dem Orangensaft mischen und das Ganze mit Limettensirup oder Honig süßen. Auf die beiden Gläser verteilen.

3 Je zwei Cocktailkirschen auf ein Partyspießchen stecken und jeweils über ein Glas legen oder hineinstellen.

TIPP

Die Heilkräutersäfte werden bei rheumatischen Krankheiten empfohlen. Pur schmecken sie nicht besonders gut, aber gemixt in Frucht- und Gemüsesäfte lassen sie sich sehr gut trinken, sodass sich durch die regelmäßige Einnahme dauerhaft eine antirheumatische, nierenanregende und entwässernde Wirkung zeigt.

Sommerflirt

schmeckt nach mehr

Zubereitungszeit: 10 Minuten
Zeit zum Kühlen: 1 Stunde

Eine Portion/Glas enthält:

91 kcal (381 kJ)	21 g Kohlenhydrate
unter 1 g Eiweiß	38 mg Kalzium
0 g Fett	9 mg Harnsäure

Zutaten für 2 Portionen/Gläser

- 2 Teebeutel Früchtetee „Kirsche"
- 1 EL Manuka-Honig (Reformhaus)
- 300 ml Bitter-Orange-Limonade
- einige Scheiben Sternfrucht (Karambole) zum Garnieren
- 4 Kumquats (Zwergorangen) zum Garnieren

Zubereitung

1 Die Teebeutel in eine Kanne geben und mit 300 ml kochend heißem Wasser aufgießen. Abkühlen lassen, 8 Minuten ziehen lassen, Teebeutel herausheben, ausdrücken und den Tee abkühlen lassen. Dann 1 Stunde in den Kühlschrank stellen.

2 Den kalten Tee zusammen mit dem Honig und einigen Eiswürfeln im Shaker gut durchschütteln und in zwei Gläser seihen. Mit Bitter-Orange-Limonade auffüllen.

3 Die Sternfruchtscheiben und die Kumquats abwechselnd auf zwei Spießchen stecken und mit dem Eistee servieren.

TIPP

Es gibt zahlreiche Früchteteemischungen, mit denen sich nicht nur heiße Getränke, sondern auch feine Kaltgetränke zubereiten lassen. Süßen Sie nur dezent, wenn Sie Tee mit Limonade mixen. Solche Drinks sind süffig und erfrischend – besonders wichtig im Sommer und wenn mit zunehmendem Alter das Durstgefühl nachlässt. Aufgrund der interessanten Optik greift man hier viel lieber und öfter zu als bei einem langweiligen Glas Wasser.

Alb-Power

süffig und besonders reich an natürlichem Vitamin C

Zubereitungszeit: 10 Minuten

Eine Portion/Glas enthält:

72 kcal (301 kJ)	15 g Kohlenhydrate
unter 1 g Eiweiß	14 mg Kalzium
kaum Fett	24 mg Harnsäure

Zutaten für 2 Portionen/Gläser

- 100 ml Acerolasaft
- 2 cl Weißdornsaft (Reformhaus oder Apotheke)
- 200 ml naturtrüber Apfelsaft
- Eiswürfel
- 2 cl Maracujasirup (Passionsfruchtsirup)
- 200 ml Mineralwasser
- Schale von 1 unbehandelten Limette
- Crushed Ice

Zubereitung

1 Acerolasaft, Weißdornsaft, Apfelsaft und Maracujasirup zusammen mit einigen Eiswürfeln in einen Shaker oder in ein großes Schraubdeckelglas geben, kräftig schütteln.

2 Crushed Ice in zwei Longdrinkgläser geben, die Saftmischung hineinseihen und mit Mineralwasser auffüllen.

3 Die Limettenschale in feine Streifen schneiden und die Drinks damit garnieren.

TIPP

Acerolasaft ist reich an Vitamin C. Weißdornsaft stärkt Herz und Kreislauf.

RoMiKaTo-Shake

der Cocktail macht munter

Zubereitungszeit: 10 Minuten

Eine Portion/Glas enthält:

84 kcal (352 kJ)	18 g Kohlenhydrate
1 g Eiweiß	16 mg Kalzium
kaum Fett	15 mg Harnsäure

Zutaten für 2 Portionen/Gläser

- 1 EL Rosmarinsaft (Reformhaus oder Apotheke)
- 2 cl Mistelsaft
- 160 ml Gemüse-Kurdrink „TopVital" (Reformhaus oder Apotheke)
- 80 ml Tomatensaft
- 80 ml Orangensaft
- 2 EL Zitronensaft
- 1 EL Zuckersirup oder Zucker
- Eiswürfel
- Crushed Ice
- Karottenscheiben und Rosmarinzweige zum Garnieren

Zubereitung

1 Die Säfte mit dem Zuckersirup oder dem Zucker und einigen Eiswürfeln in einem Shaker gut schütteln.

2 Zwei Longdrinkgläser zu einem Drittel mit Crushed Ice füllen und den Drink darauf seihen. Mit Karottenscheiben und Rosmarinzweig garnieren.

TIPP

Rosmarinsaft muntert auf und hilft gegen Erschöpfung. Mistelsaft entlastet Herz und Kreislauf. Für Rheumatiker und Gichtkranke ein richtiger Muntermacher – und nicht nur für diese.

Winterpunsch ohne Alkohol

mit Säften und Gewürzen schmeckt es nach Weihnachten

Zubereitungszeit: 10 Minuten

Eine Portion/Glas enthält:

84 kcal (337 kJ)	19 g Kohlenhydrate
1 g Eiweiß	18 mg Kalzium
0 g Fett	23 mg Harnsäure

Zutaten für 2 Portionen/Gläser

- 1 Teebeutel Früchtetee „Waldbeere"
- 1 Teebeutel Glühweingewürz
- 2 Scheiben unbehandelte Zitrone
- 125 ml Apfelsaft
- 125 ml roter Traubensaft
- Zitronenscheiben zum Garnieren

Zubereitung

1 Den Früchtetee zusammen mit Glühweingewürz und Zitronenscheiben in einen Topf geben, mit 250 ml kochendem Wasser überbrühen und etwa 10 Minuten ziehen lassen.

2 Die Teebeutel herausheben, ausdrücken, Apfel- sowie Traubensaft hinzufügen und das Ganze erhitzen, nicht kochen lassen. Den Punsch auf zwei Gläser verteilen und nach Belieben mit Zitronenscheiben garnieren.

Bayram Dream

orientalischer Teegenuss aus Apfel, Feigen und Datteln

Zubereitungszeit: 20 Minuten
Zeit zum Kühlen: 1 Stunde

Eine Portion/Glas enthält:

163 kcal (682 kJ)	18 g Kohlenhydrate
3 g Eiweiß	90 mg Kalzium
9 g Fett	0 mg Harnsäure

Zutaten für 2 Portionen/Gläser

2 Teebeutel Bayram-Tee (türkischer Apfeltee mit Feigen- und Dattelgeschmack)

1 EL Honig

150 g Sahnejoghurt (10 % Fett)

Eiswürfel

1 TL gehackte Pistazien

Zubereitung

1 Die Teebeutel in einen Topf geben, mit 250 ml kochendem Wasser überbrühen, 8 Minuten ziehen lassen, Teebeutel herausheben, ausdrücken und den Tee abkühlen lassen. Den Tee mit Honig süßen und kalt stellen.

2 Den kalten Tee in ein Rührgefäß geben, den Joghurt unterrühren und mit dem Passierstab schaumig aufschlagen. Eiswürfel auf zwei Gläser verteilen und den Drink darübergießen. Mit Pistazien bestreuen und sofort servieren.

SERVIERTIPP

Geben Sie in jedes Glas noch 1 EL fein gewürfelten Apfel.

Erdbeer-Joghurt-Smoothie

erfrischender Snack für heiße Tage

Zubereitungszeit: 15 Minuten
Zeit zum Kühlen: 1 Stunde

Eine Portion/Glas enthält:

133 kcal (553 kJ)	17 g Kohlenhydrate
3 g Eiweiß	159 mg Kalzium
3 g Fett	25 mg Harnsäure

Zutaten für 2 Portionen/Gläser

2 Teebeutel Früchtetraum-Tee
1–2 TL Honig
200 g Erdbeeren
200 g Naturjoghurt (3,5 % Fett)
Zitronenmelisse zum Garnieren

Zubereitung

1 Die Teebeutel mit 150 ml kochendem Wasser überbrühen, 8 Minuten ziehen lassen, dann Teebeutel herausheben, ausdrücken, den Honig hinzufügen und den Tee kalt stellen.

2 Die Erdbeeren waschen, putzen und halbieren. Tee zusammen mit Erdbeeren, Joghurt und etwas Zitronenmelisse in einen Mixer geben und pürieren.

3 Den Smoothie in zwei Gläser füllen und nach Belieben mit Zitronenmelisse garnieren.

TIPP

Statt Erdbeeren können Sie auch Himbeeren oder Heidelbeeren verwenden.

Bananen-Smoothie

passst in jede Jahreszeit und ist ganz einfach

Zubereitungszeit: 10 Minuten

Eine Portion/Glas enthält:

173 kcal (724 kJ)	33 g Kohlenhydrate
5 g Eiweiß	140 mg Kalzium
2 g Fett	25 mg Harnsäure

Zutaten für 2 Portionen/Gläser

- 200 g Bananen
- 200 g Naturjoghurt (1,5 % Fett)
- 1 TL Vanillezucker
- 1 Msp. Zimt
- 2 EL Zitronensaft
- 1 kleines Eiweiß für den Rand
- 1 EL fein gehackte Pistazien zum Garnieren

Zubereitung

1 Die Bananen schälen, klein schneiden und zusammen mit Joghurt, Vanillezucker in den Mixer geben und gut pürieren. Mit Zimt und Zitronensaft abschmecken.

2 Das Eiweiß in einer Tasse verquirlen, auf einen Unterteller geben und zwei Cocktailgläser mit dem Rand eintauchen. Die Pistazien auf einen zweiten Unterteller geben und die Gläser mit dem Eiweißrand eintauchen.

3 Den Drink einfüllen und nach Belieben mit den restlichen Pistazien bestreuen oder mit Bananenscheiben garnieren.

TIPP

Probieren Sie den Drink auch mit saisonfrischen Früchten, zum Beispiel mit Aprikosen, Pfirsichen, Himbeeren, Birnen.

Mango-Papaya-Drink

exotischer Smoothie, schnell gemixt

Zubereitungszeit: 10 Minuten

Eine Portion/Glas enthält:

133 kcal (732 kJ)	20 g Kohlenhydrate
6 g Eiweiß	215 mg Kalzium
3 g Fett	21 mg Harnsäure

Zutaten für 2 Portionen/Gläser

½ Mango
½ Papaya
300 g Naturjoghurt (1,5 % Fett, gut gekühlt)
1 EL Manuka-Honig
etwas Zitronensaft

Zubereitung

1 Die Früchte schälen, das Fruchtfleisch in grobe Stücke schneiden und in den Mixer geben. Joghurt zugeben und das Ganze fein pürieren.

2 Mit Honig süßen und mit Zitronensaft abschmecken.

3 Den Drink in zwei Gläser füllen und sofort servieren.

TIPP

Frische Papaya enthält das eiweißspaltende Enzym Papain. Es unterstützt die Eiweißverdauung im Körper, greift aber auch Eiweiß aus Nahrungsmitteln an. Servieren Sie deshalb den Drink unverzüglich nach der Zubereitung. Bei längerem Stehenlassen wird das Eiweiß aus dem Joghurt gespalten und der Drink bekommt einen bitteren Geschmack. Papayas aus der Dose sind erhitzt, das Enzym wird durch Erhitzen zerstört.

Erdbeer-Kefir-Smoothie

mit Manuka-Honig besonders gesund

Zubereitungszeit: 10 Minuten

Eine Portion/Glas enthält:

114 kcal (477 kJ)	14 g Kohlenhydrate
6 g Eiweiß	198 mg Kalzium
3 g Fett	19 mg Harnsäure

Zutaten für 2 Portionen/Gläser

150 g Erdbeeren
300 g fettarmer Kefir
etwas Zitronensaft
1 EL Manuka-Honig (Reformhaus)

Zubereitung

1 Die Erdbeeren waschen und putzen, zusammen mit dem Kefir und dem Zitronensaft im Mixer pürieren.

2 Mit Manuka-Honig süßen und auf zwei Gläser verteilen. Mit dicken Trinkhalmen servieren.

ANHANG

Adressen, die weiterhelfen

Deutsche Rheuma-Liga, Bundesverband e. V.
Maximilianstr. 14
53111 Bonn
Tel. 0228 766060
Info-Tel. 01840 600000
www.rheuma-liga.de
Bei der Rheuma-Liga erhalten Sie Anschriften und Telefonnummern der Landesverbände in den einzelnen Bundesländern.

Arbeitskreis Ernährungsmedizin der Deutschen Gesellschaft für Rheumatologie
www.rheuma-online.de

Bundesverband zur Förderung und Unterstützung rheumatologisch erkrankter Kinder und deren Familien e. V.
Westtor 7
48324 Sendenhorst
Tel. 02526 3001175
www.kinderrheuma.com

Clubs junger Rheumatiker
Auskünfte beim Bundesverband und den Landesverbänden
http://geton.rheuma-liga.de

Deutsche Vereinigung Morbus Bechterew e. V.
Metzgergasse 16
97421 Schweinfurt
Tel. 09721 22033
www.bechterew.de

Kuratorium Knochengesundheit e. V.
Leipziger Str. 6
74889 Sinsheim
Tel. 07261 92170
www.osteoporose.org

Lupus Erythematodes
Selbsthilfegruppe e. V.
Döppersberg 20
42103 Wuppertal
Tel. 0202 4968797
www.rheumanet.org

Sklerodermie Selbsthilfe e. V.
Am Wollhaus 2
74076 Heilbronn
Tel. 07131 3902425

In Österreich:
Österreichische Rheumaliga
Dorfstr. 4
A-5762 Maria Alm
Tel. +43 (0) 699 15541679
www.rheumaliga.at

In der Schweiz:
Rheumaliga Schweiz
Josefstr. 92
CH-8005 Zürich
Tel. +41 (0) 44 4874000
www.rheumaliga.ch

Rezeptregister

Hülsenfrüchte und Eier – wertvolle Eiweißlieferanten

Fix fertig – Kochen mit bequemen Produkten

Gegen den Durst – Drinks ohne Alkohol

Bibliografische Information der Deutschen Nationalbibliothek
Die Deutsche Nationalbibliothek verzeichnet diese Publikation in der deutschen Nationalbibliografie; detaillierte bibliografische Daten sind im Internet über http://dnb.ddb.de/ abrufbar.

ISBN 978-3-89993-641-4 (Print)
ISBN 978-3-8426-8420-1 (PDF)

Fotos:
Umschlag: Titelfoto: Corbis; hintere Umschlagklappe (innen): yanlev – 123rf.com
123rf.com: anest: 1; Mara Zemgaliete: 13; massman: 33; Elena Elisseeva: 54; Olga Fedulova: 58; Antonio Munoz Palomares: 132; Isabel Poulin: 149; Eva Gruendemann: 151; Adam Ward: 160
Fotolia.com: Carmen Steiner: 17; FOOD-pictures: 36; Liv Friis-larsen: 42; OlgaLIS: 43; VL@D: 49; Natalie: 74; sarsmis: 76; Eva Gruendemann: 79; Torsten Schon: 85; Christian Jung: 102; Thomas Francois: 124; matka_Wariatka: 130; Zimmytws: 131; Andres Rodriguez: 137; mspd: 138; Olga Lyubkina: 153; Pawel Strykowski: 155
iStockphoto.com: Peter Garbet: 25; Robert Linton: 87; Floortje: 133; Piotr Rzeszutek: 154
Brauerei Rapp: 115
Food Professionals: 57
Goldpuder: 4, 65
Henglein: 123
Iglo: 2/3, 67, 69, 89
Leerdammer: 6/7, 22/23, 29, 63, 97
Meßmer Tee: 91, 145, 147
Ostmann: 53, 81
Sophie Seitz Fotodesign: 141
Wirths PR: 31, 37, 39, 41, 45, 99, 109, 113, 127, 135, 143

Hans-Böckler-Allee 7, 30173 Hannover
www.schluetersche.de

Eine Liste der verwendeten Literatur kann beim Verlag angefordert werden.

Lektorat: Nathalie Röseler, Dateiwerk GmbH, Pliening
Layout: Groothuis, Lohfert, Consorten, Hamburg
Covergestaltung: Kerker + Baum Büro für Gestaltung, Hannover
Satz: Die Feder, Konzeption vor dem Druck GmbH, Wetzlar
Druck und Bindung: Grafisches Centrum Cuno GmbH & Co. KG, Calbe
Hergestellt in Deutschland.